아름다움을 엮다, 라탄 가방

작가의 말

라탄 공예를 배우기 시작하고 얼마 되지 않았을 때, 나중에 꼭 만들어봐야지 했던 건 다름 아닌 라탄 가방이었습니다. 기법이 익숙해지고 나서 만들었던 첫 응용 라탄 작품도, 공방을 열고 첫 수업을 열었던 것도 라탄 가방이었어요. 가방은 일상을 함께하고 나만의 취향과 개성을 드러낼 수 있는 아이템이기 때문일까요? 막연히 라탄 가방에 대한 욕심과 애정이 있었습니다.

라탄 공예는 물과 라탄 환심이라는 간단한 준비물로 유용한 소품들을 만들 수 있습니다. 하지만 어느 공예나 그렇듯 시간과 정성이 쌓여야 합니다. 라탄 가방을 만들기 위해서는 더 많은 시간과 노력, 정성이 필요합니다. 직접 만든 라탄 가방을 실용적으로 사용하기 위해서는 손잡이나 가죽, 안감 등의 부자재 작업도 필수적이죠. 그러다 보니 꽤 오래 공을 들여야 합니다. 그렇게 완성한 가방으로 일상을 함께 하면 그동안의 수고로움이 가치 있는 시간이었음을 깨닫게 해줍니다. 그리고 평범한 일상을 특별하게 만들어줍니다.

[아름다움을 엮다, 라탄 가방]은 누구나 근사한 라탄 가방을 만들 수 있도록 라탄 공예의 기초적인 기법부터 심화 기법까지 17가지의 기법을 수록했습니다. 또한 일상에서 실용적으로 사용할 수 있도록 가방 부자재 및 안감 작업 방법까지 담았습니다. 라탄 가방을 만드는 방법이 손에 익었다면 나만의 가방을 디자인해서 만들어 보는 것도 좋겠죠.

천천히 정성을 들여 완성하는 것에 초점을 두고 나만의 라탄 가방을 만들어 보세요. 이 책이 평범한 일상에 특별함을 더하는 데 도움이 되었으면 합니다.

| PART 1 |

라탄과 친해지기

Chapter 1
라탄 공예 첫걸음

라탄 공예 기본 도구	10
라탄 공예 추가 도구	11
라탄 공예 기본 재료	12
재료 관리하기: 환심 소분법	14
작품 염색하기	16
작품 마감하기	17

Chapter 2
라탄 공예 준비하기

날대와 사릿대	18
날대 재단하기	20
사릿대 연결하기	21
덧날대 추가하기	23
날대가 부러졌을 때 교체하기	27
사릿대를 엮는 방향	28
이음새 정리하기	29

Chapter 3
라탄 공예 기초기법

막엮기	30
따라엮기	30
십(十) 자 바닥짜기	32
우물 정(井) 자 바닥짜기	34
쌀 미(米) 자 바닥짜기	36
두 줄씩 나누어엮기	39
나선엮기	41
타원형 바닥짜기	42
사각 바닥짜기	44
되돌아엮기	47
두 줄 꼬아엮기	48
세 줄 꼬아엮기	49
세 줄 아래로 꼬아엮기	51
엮어 마무르기(하-상-하)	54
두 번 젖혀 마무르기	56
세 번 젖혀 마무르기	60
감아 마무르기	62

| PART 2 |

라탄 가방 기초 : 부자재 사용하기

Chapter 1
라탄 가방의 안감

파우치를 활용한 기본형 안감   70

파우치를 활용한 스트링 안감   75

라탄에 안감 연결하기   77

Chapter 2
라탄 가방의 가죽 부자재

가죽 부자재 부착하기   79

Chapter 3
라탄 가방의 손잡이

웨빙끈 손잡이 만들기   82

피등 손잡이 만들기   84

우드 손잡이 활용하기   88

Chapter 4
라탄 가방의 뚜껑

뚜껑 형태의 가방 연결하기   92

| PART 3 |

라탄 가방 만들기

에코백 리폼 캔버스백
99

베이직 숄더백
105

사각 크로스백
111

다이아몬드백
115

미니백
121

탬버린백
127

카메라백
137

우드핸들백
145

반달우드백
153

PART 1
라탄과 친해지기

- 라탄 공예 첫걸음
- 라탄 공예 준비하기
- 라탄 공예 기초기법

1. 라탄 공예 첫걸음
라탄 공예 기본 도구

❶ 라탄 가위 라탄의 주재료인 환심을 재단하거나 작품을 마무리한 후 날대를 잘라 정리할 때 사용합니다. 가위는 원예용 또는 라탄용 가위를 사용하는 것이 좋습니다.

❷ 송곳 날대와 날대 사이 틈을 일정하게 정리하거나, 날대 옆에 덧날대가 들어갈 공간을 만들어 줄 때 사용합니다.

❸ 줄자 날대의 길이나 작품의 전체적인 크기를 측정하기 위해 사용합니다.

❹ 분무기 환심은 시간이 지나면 수분이 날아가 건조해지므로 건조해져서 부러지지 않도록 중간중간 물을 뿌려줄 때 사용합니다.

❺ 물바가지 라탄 공예를 시작하기 전, 물을 담아 환심을 불릴 때 사용합니다. 한꺼번에 많은 양을 넣기보다는 작업 중간에 환심 3~4개를 물바가지에 넣어 불려가면서 사용합니다.

라탄 공예 추가 도구

❶ **목공용 접착제**   가방 손잡이 등을 튼튼하게 고정할 때 사용합니다. 주로 목공용 본드나 목공용 순간접착제(록타이트 401)를 사용합니다.

❷ **원단**   가방을 더 실용적으로 사용할 수 있도록 해 주는 안감 작업을 위한 원단입니다. 주로 린넨이나 광목 원단을 사용합니다.

❸ **실과 바늘**   안감 작업을 하거나 가죽 부자재를 달 때 필요합니다. 쉽게 끊어지지 않는 퀼트용 실과 가죽 부자재 작업을 위한 가죽용 실을 사용합니다.

❹ **웨빙끈**   가방 스트랩을 만들기 위한 재료입니다. 가방 크기에 따라 폭 2~5cm의 웨빙끈을 사용합니다.

❺ **우드 손잡이**   반달 모양, 원형 모양 등 다양한 형태가 있습니다. 손잡이의 두께와 내경, 외경에 따라 가방의 크기가 달라집니다.

❻ **가죽 부자재**   손잡이 역할을 하는 스트랩, 뚜껑형 가방을 연결해주는 자석 사시꼬미와 스냅 버클, 크로스백 스트랩을 연결할 수 있는 가죽D링 등이 필요합니다.

라탄 공예 기본 재료

환심	'라탄'이란 동남아시아를 중심으로 한 열대우림에서 자라나는 야자과의 덩굴성 식물입니다. 이 나무줄기의 껍질을 벗겨내고 일정한 크기의 심 형태로 가공한 것을 '환심'이라고 하는데, 이 환심이 라탄 공예의 주재료가 됩니다. 환심은 다양한 굵기로 가공되어 나오는데 얇은 환심은 손으로 엮어 공예품을 만들고 굵은 환심은 가구의 골조나 손잡이의 심 등으로 사용됩니다.

2mm	라탄 공예 시 가장 많이 사용하는 굵기입니다. 주로 바구니나 소품, 작은 사이즈의 가방 등을 만들기에 적당합니다.
2.5mm	큰 사이즈의 가방과 바구니를 만들 때 사용하는 굵기입니다. 또한 골조를 이용한 가구를 제작할 때에도 사용합니다.
5mm	손잡이 등을 만들 때 심대의 용도로 많이 사용하는 굵기입니다.

피등　　환심이 라탄 나무의 단단한 안쪽을 가공한 재료라면, 피등은 라탄 나무의 껍질을 가공한 재료입니다. 피등은 매끈하게 코팅되어 있는 듯한 느낌이 들어서 빈티지하면서도 고급스러운 느낌을 줍니다. 주로 손잡이를 감아 무늬를 표현하거나 자리짜기 기법으로 만드는 가구에 많이 사용됩니다.

재료 관리하기: 환심 소분법

환심 소분법   환심은 구매 후 소분하여 보관했다가, 라탄 공예 시작 10분 전에 필요한 만큼 물에 불려 사용합니다. 환심은 습기에 약하기 때문에 곰팡이가 생기지 않도록 통풍이 잘 되는 서늘한 곳에 보관하는 것이 좋습니다.

환심(250g 또는 500g)을 통째로 그릇에 담고 환심이 잠길 정도로 물을 부어 적십니다.

환심이 물기를 머금어 부드러워지면 환심을 묶고 있던 끈을 제거합니다.

환심이 엉키지 않게 조심스럽게 풀어줍니다.

환심의 시작 부분을 잡아 옷걸이에 건 다음, 높은 곳에 걸어줍니다.

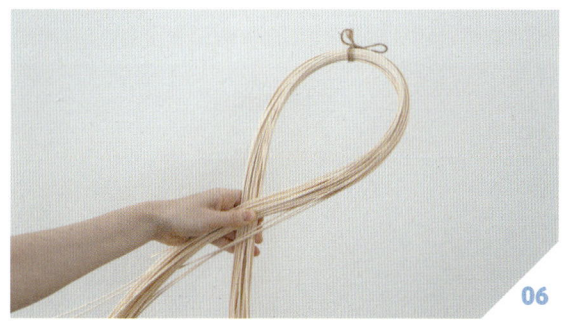

환심의 끝부분을 묶고 있던 끈을 가위로 자르고 꼬불거리 던 환심이 펴질 때까지 기다립니다.

환심이 펴졌다면 길이가 긴 환심과 짧은 환심으로 구분합 니다. 길이가 짧은 환심은 따로 골라내어 끈으로 묶어 보관 합니다. 짧은 환심은 재단하여 날대로 사용합니다.

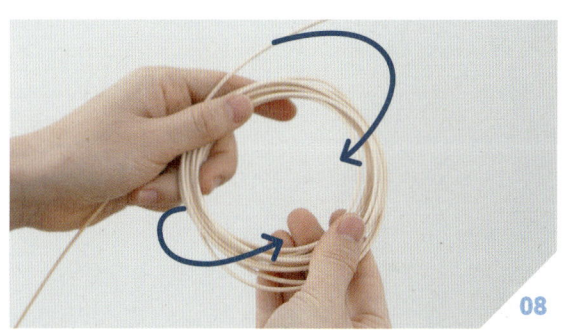

길이가 긴 환심은 한 줄만 뽑아서 시작점에서 15cm 정도 떨어진 지점부터 동그랗게 말아줍니다.

환심을 동그랗게 말아 끝부분도 15~20cm 정도 남긴 다음 남겨둔 양쪽 끝을 원 안으로 넣으며 지그재그로 감아 고정 합니다.

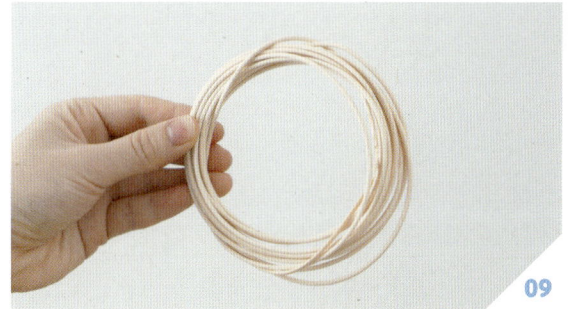

환심이 풀리지 않고 그대로 고정되어 있으면 완성입니다.

소분한 환심은 환기가 잘 되는 곳에서 보관하다가 작업에 필요한 만큼만 꺼내 물에 5~10분 정도 불려 사용합니다.

작품 염색하기

염색하기

염색은 염료를 사용하거나 커피, 홍차 등 천연 재료를 사용하여 작업할 수 있습니다.

염색물은 뜨거운 물에 소금 1티스푼을 넣은 후 염료 또는 커피 가루를 넣어 잘 녹도록 저어주면 완성됩니다. 진한 컬러를 원한다면 염료나 커피 가루를 많이 넣고, 연한 컬러를 원한다면 조금만 넣어 만들면 됩니다.

원하는 컬러의 염색물을 만들었다면, 염색물에 라탄 작품을 넣어 염색합니다. 염색하기 전에 작품에 물을 뿌린 뒤, 티코스터와 같이 작은 작품은 염색물이 담긴 통에 푹 담가 물들이고 바구니와 같이 큰 작품은 염색물을 진하게 만든 후 붓으로 여러 번 덧칠하며 염색합니다. 컬러가 원하는 만큼 입혀졌다면 염료가 스며들 때까지 살짝 기다린 후에 흐르는 물에 남은 염료를 씻어내면 완성입니다.

작품 마감하기

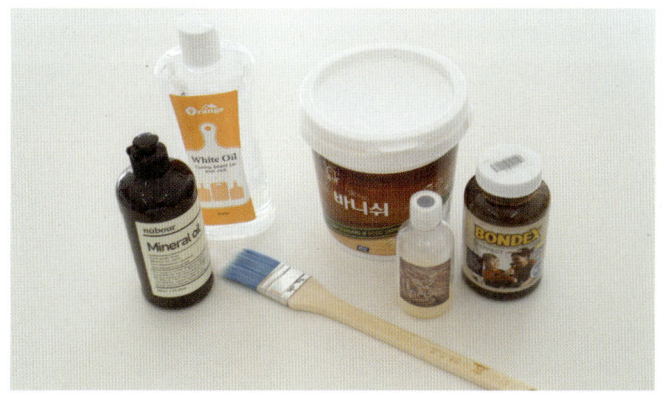

마감하기

라탄 작품을 일상생활에서 사용하려면 마감 작업을 하는 것이 좋습니다. 특히 염색을 한 작품이라면 자칫 염료가 묻어나올 수 있으므로 마감 작업은 필수입니다. 마감은 쉽게 생각하면 작품을 코팅한다고 생각하면 되는데, 마감에 필요한 재료로는 목재용 오일이나 투명 락카, 바니쉬 등이 있습니다.

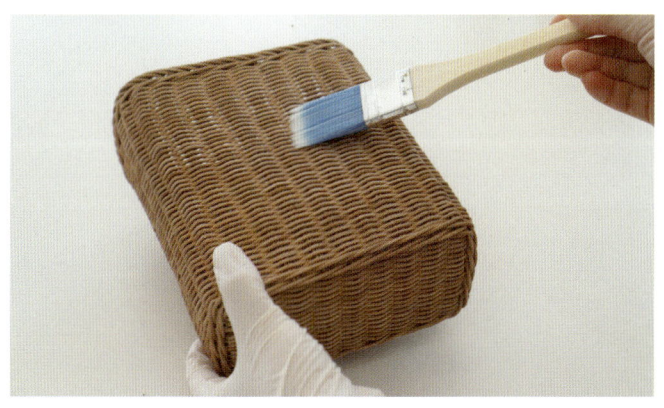

목재용 오일

라탄 작품은 목재용 오일로 마감 작업을 하는 것이 일반적입니다. 넓은 그릇에 목재용 오일을 적당량 덜어낸 후 붓을 사용하여 전체적으로 발라주면 됩니다. 오일을 골고루 발랐다면 그늘에 하루 정도 둡니다. 하루가 지난 후에도 오일이 묻어 나온다면, 면이나 키친타월 등으로 꾹꾹 눌러 잔여 오일을 닦아냅니다. 오일이 라탄에 스며들어 자연스럽게 코팅이 되도록 합니다.

투명 락카, 목재용 수성 바니쉬

락카나 바니쉬를 사용하여 마감 작업을 하면 조금 더 탄탄한 느낌을 줄 수 있습니다. 특히 곰팡이가 걱정된다면 투명 락카나 투명 바니쉬로 마감을 해 주는 것이 좋습니다. 락카를 사용할 때는 환기가 되는 곳에서 작품을 멀리 두고 스프레이를 골고루 분사하여 마감하고, 목재용 수성 바니쉬를 사용할 때는 붓을 사용해 전체적으로 발라줍니다.

2. 라탄 공예 준비하기
날대와 사릿대

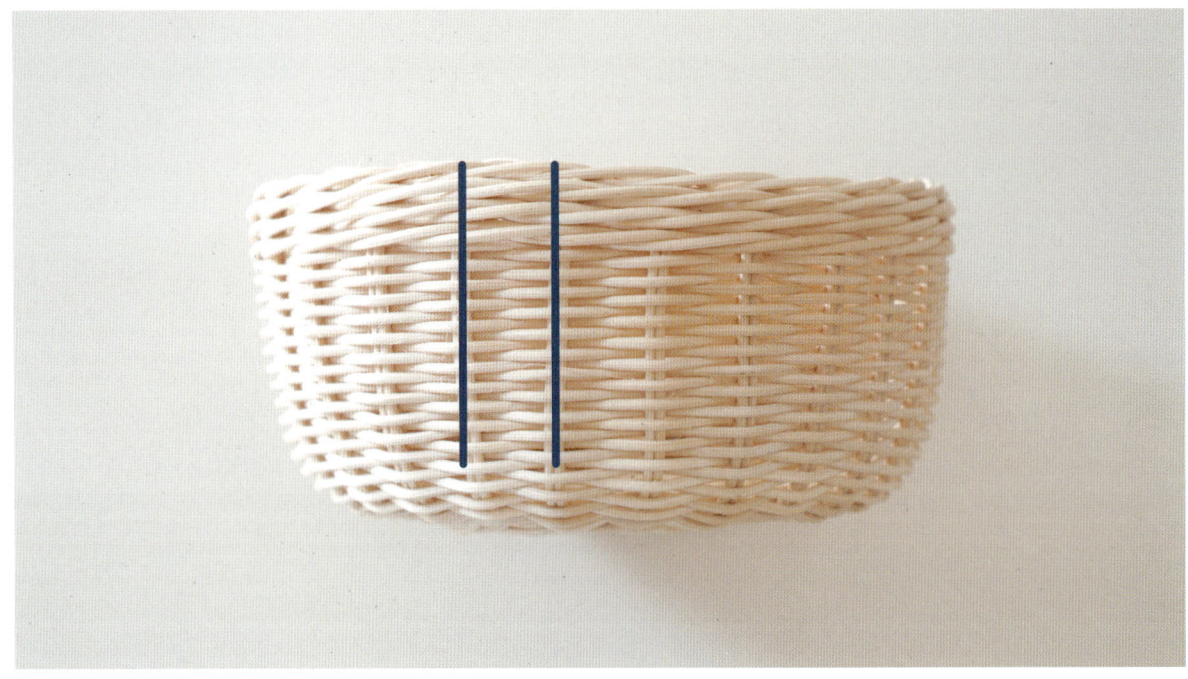

날대(세로선)

라탄 바구니를 옆면에서 봤을 때 세로선에 해당하는 부분이 '날대'입니다.

날대는 라탄 작품의 기둥으로서 전체적인 틀을 잡아주는 역할을 합니다. 작품의 크기에 따라 미리 환심을 재단하여 사용하는데, 가급적 단단한 환심을 사용하는 것이 좋습니다.

날대와 날대 사이의 간격에 따라 작품의 전체적인 완성도가 좌우됩니다. 사이 간격이 너무 넓으면 바구니가 탄탄하지 않고 힘이 가해지는 대로 휘어져 물렁거리는 느낌을 줍니다. 따라서 날대와 날대 사이의 간격은 최대 2cm를 넘지 않는 것이 좋습니다.

사릿대(가로선)   라탄 바구니를 옆면에서 봤을 때 가로선에 해당하는 부분이 '사릿대'입니다.
날대가 바구니의 기둥인 선의 역할을 한다면, 사릿대는 바구니의 면을 채우는 역할을 합니다.
사릿대로는 길이가 길고 유연한 환심을 사용하는 것이 좋습니다.

〈날대의 개수에 따른 사릿대의 수〉

날대의 수가 홀수일 때 : 사릿대 1줄
날대의 수가 짝수일 때 : 사릿대 2줄

날대 재단하기

〈날대의 수가 적은 경우〉

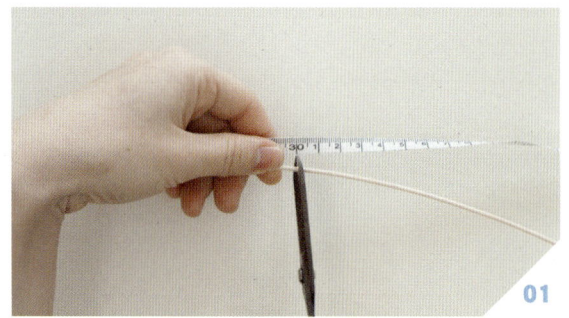

환심 1줄을 원하는 길이로 잘라 날대를 만듭니다.

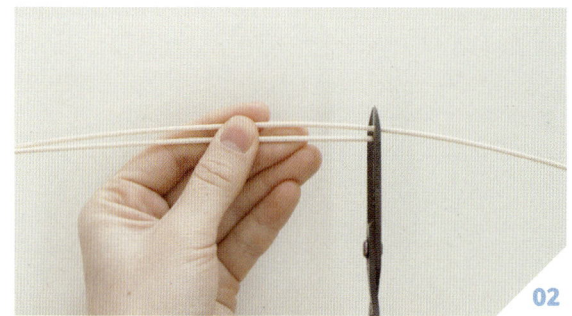

자른 날대를 기준 삼아 필요한 개수만큼 재단합니다.

〈날대의 수가 많은 경우〉

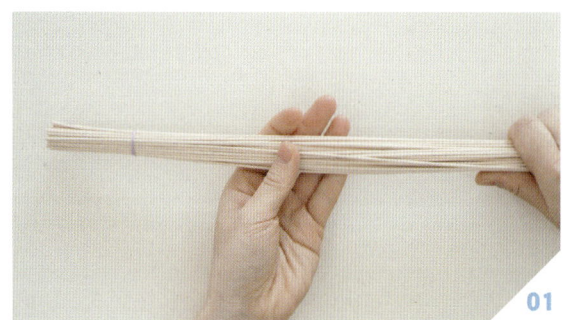

환심의 끝을 가지런하게 정리합니다. 묶음이 풀어지지 않도록 한 번 더 단단하게 고정하는 것도 좋습니다.

원하는 길이에 맞춰 필요한 개수만큼 한꺼번에 자릅니다.

사릿대 연결하기

사릿대가 점점 짧아져서 더 이상 엮을 수 없을 때까지 엮습니다. 이때 사릿대는 날대의 뒤에서 끝나야 합니다.

새로운 사릿대를 준비한 뒤 이전 사릿대의 끝부분에 ×자로 교차합니다. 새로운 사릿대가 이전 사릿대의 위쪽으로 올라와야 합니다.

새로운 사릿대를 원에 밀착시킵니다.

이전에 작업한 방식 그대로 날대의 앞뒤로 사릿대를 엮어줍니다. 엮을 때는 원의 중심방향으로 바짝 밀착시켜 틈이 없도록 꼼꼼하게 엮습니다.

새로운 사릿대를 연결한 후 뒷면에 튀어나온 이전 사릿대는 가위로 잘라 정리합니다.

〈이전 사릿대의 끝부분이 날대 앞에서 끝난 경우〉

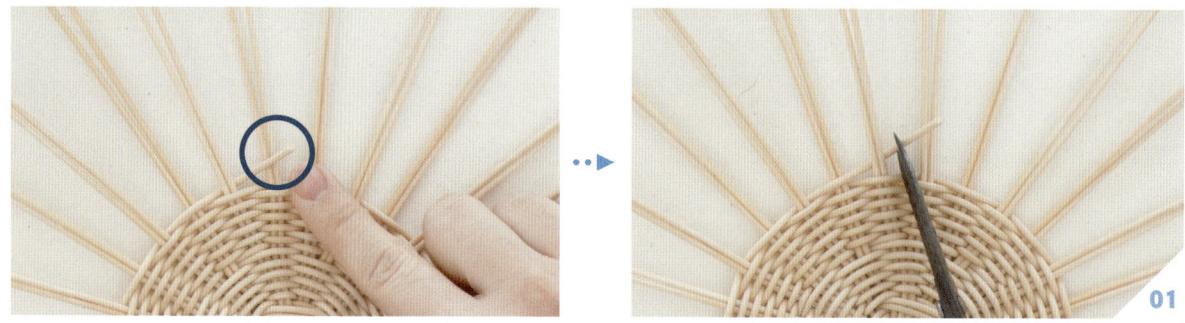

이전 사릿대의 끝부분이 날대의 앞쪽에 위치한 경우, 사릿대의 왼쪽을 잘라 끝부분이 날대의 뒤에 위치하도록 만듭니다.

그다음부터는 21페이지의 02~05번 과정과 동일한 방법으로 사릿대를 연결합니다.

덧날대 추가하기

작품의 바닥을 넓혀야 할 경우에는 덧날대를 추가합니다. 날대와 날대의 간격이 2cm 이상이 되면 덧날대를 추가하도록 합니다.

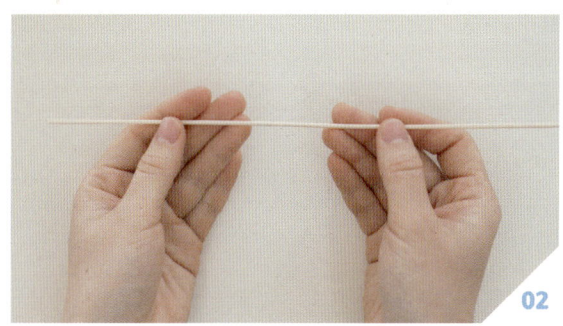

물에 불리지 않은 환심을 준비합니다.

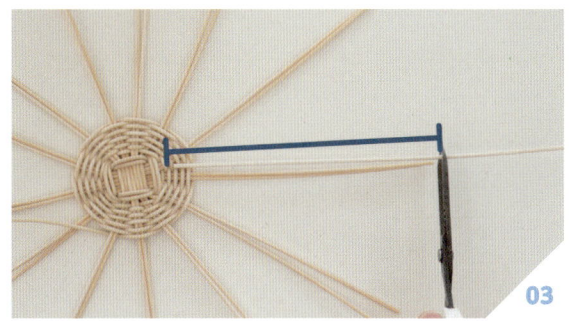

준비한 환심을 기존 날대의 길이에 맞춰 자릅니다.

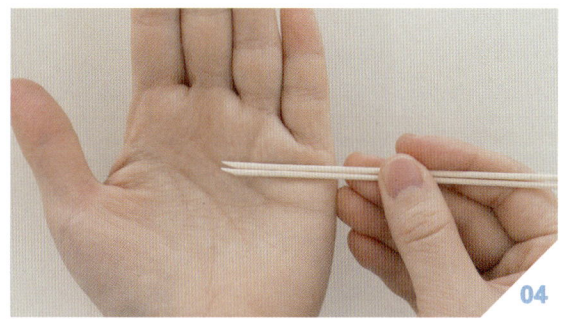

덧날대의 끝을 사선으로 자릅니다.

〈덧날대를 추가한 후, 최종 날대의 수가 짝수인 경우〉

덧날대를 추가한 후의 최종 날대의 수가 짝수일 경우 '날대의 수×2'개의 덧날대를 준비합니다.

날대의 오른쪽에 송곳을 넣어 공간을 넓혀줍니다.

넓혀준 공간에 덧날대 하나를 넣습니다. 이때 사선으로 자른 부분을 넣어야 공간에 딱 맞게 끼워 넣을 수 있습니다.

이번에는 날대의 왼쪽에 송곳을 넣어 공간을 만들고 덧날대를 추가합니다. 최종적으로 4줄의 날대가 1조가 되도록 합니다.

동일한 방법으로 나머지 날대에도 덧날대를 추가합니다.

덧날대를 모두 추가했다면 분무기로 물을 뿌려 충분히 적셔 줍니다.

4줄의 날대를 2줄씩 나눠 중간에 공간을 벌려줍니다.

2줄씩 벌려둔 공간 사이로 막엮기를 하여 4줄 1조였던 날대를 2줄 1조가 되도록 만듭니다.

TIP [Part 1. 라탄과 친해지기]의 [Chapter 3. 라탄 공예 기초기법_막엮기(p.30)]를 참고합니다.

2줄 1조로 계속 엮어주면 됩니다. 날대의 개수가 '짝수'일 때는 두 줄씩 따라엮기를 하며 바닥을 넓혀갑니다.

TIP [Part 1. 라탄과 친해지기]의 [Chapter 3. 라탄 공예 기초기법_ 따라엮기(p.30)]를 참고합니다.

〈덧날대를 추가한 후, 최종 날대의 수가 홀수인 경우〉

덧날대를 추가한 후의 최종 날대의 수가 홀수일 경우 '(날대의 수 - 1)×2'개의 덧날대를 준비합니다.

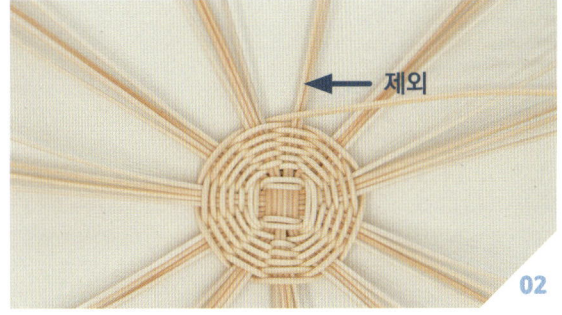

날대 한 줄을 제외한 모든 날대의 양쪽에 덧날대를 추가합니다.

덧날대를 추가하지 않은 날대를 시작으로 두 줄씩 나누며 엮습니다.

TIP [Part 1. 라탄과 친해지기]의 [Chapter 3. 라탄 공예 기초 기법_두 줄씩 나누어엮기(p.39)]를 참고합니다.

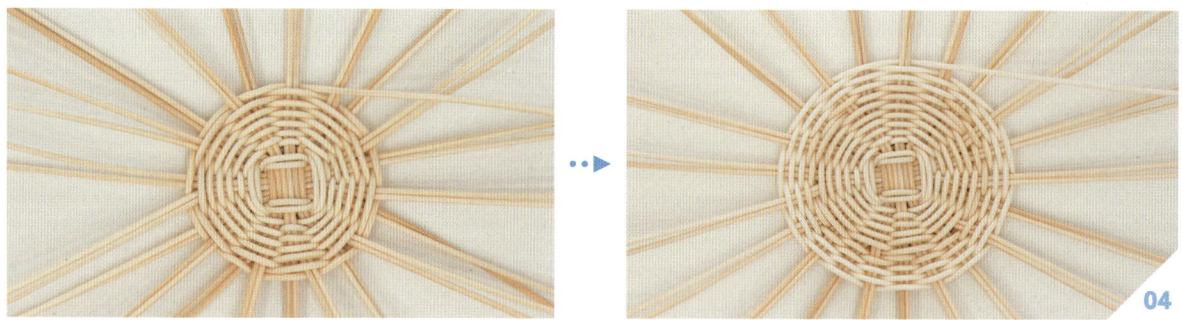

막엮기를 하면서 지름을 넓혀나갑니다.

TIP [Part 1. 라탄과 친해지기]의 [Chapter 3. 라탄 공예 기초 기법_막엮기(p.30)]를 참고합니다.

날대가 부러졌을 때 교체하기

부러진 날대의 위치를 확인합니다.

부러진 날대를 원형의 가장자리에서 안쪽으로 1cm 이상 들어간 지점에서 수직으로 잘라 제거합니다.

물에 불리지 않은 새로운 날대를 준비한 후 끝을 일(一)자로 자릅니다.

02번 과정에서 날대를 잘라 제거한 부분에 새로운 날대를 꽂아 넣습니다.

송곳을 사용해 부러져서 자른 날대의 단면과 새로 추가한 날대의 단면이 잘 맞도록 위치를 조정합니다.

사릿대를 엮는 방향

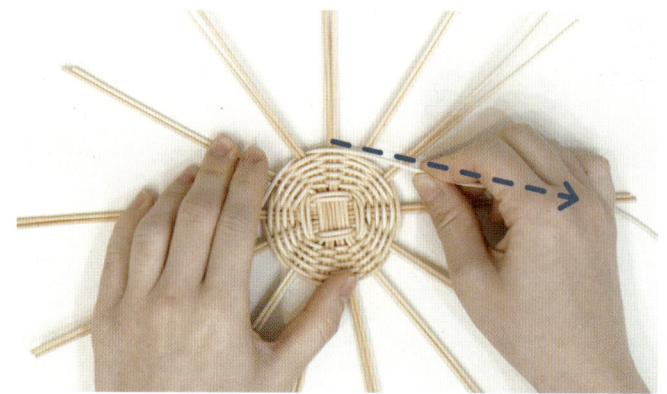

바구니의 바닥 짜기

라탄을 엮을 때는 시계 방향으로 엮어지도록 사릿대의 끝부분이 오른쪽을 향하게 두어야 합니다. 바닥 짜기 시 매끼돌리기를 제외하고는 시계 방향으로 엮습니다.

바구니의 옆면 짜기

바구니 바닥에서 몸통을 엮을 때는 날대를 접어 몸통의 각도를 만들어야 합니다. 이때 사릿대의 방향은 오른쪽을 향하게 하여 날대를 접습니다.

이음새 정리하기

이음새 정리하기   사릿대를 이어 엮으면 필연적으로 이음새 부분이 생기게 됩니다. 이런 부분은 작품을 다 완성한 후 가위로 잘라 깔끔하게 정리합니다. 날대에 걸려 풀리지 않을 정도로 잘라주면 됩니다.

〈바닥 부분 이음새 정리〉

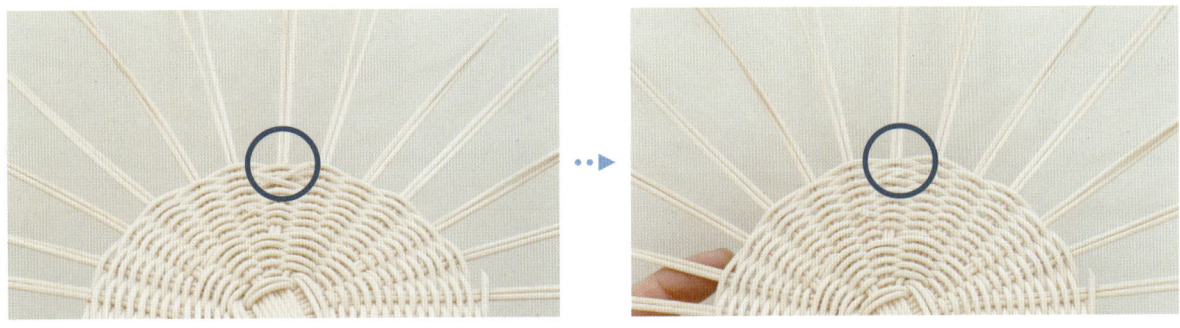

〈몸통 부분 이음새 정리〉

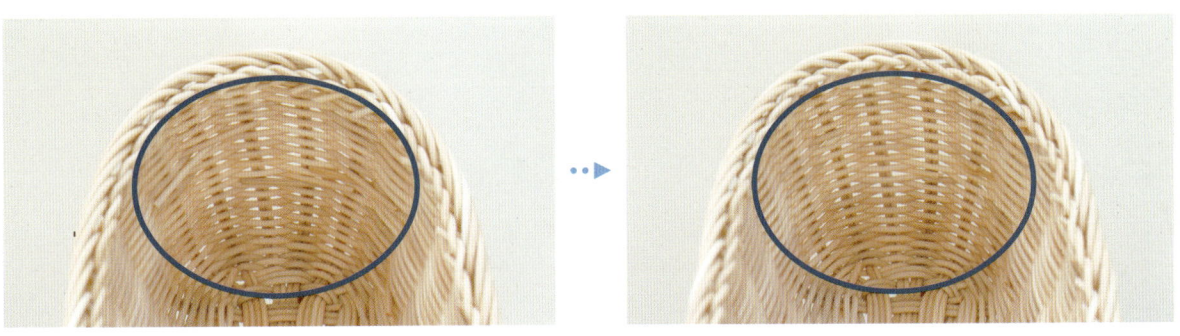

3. 라탄 공예 기초기법

막엮기

사릿대로 날대의 앞뒤를 한 번씩 번갈아가며 엮는 것을 막엮기 기법이라고 합니다.

TIP 막엮기는 날대의 총 개수가 홀수인 원형일 때만 활용할 수 있는 기법입니다. 타원형이나 사각형은 홀수가 될 수 없습니다.

따라엮기

날대의 수가 짝수라면 사릿대 두 줄이 필요합니다. 먼저 두 줄의 사릿대를 나란히 두고 위, 아래의 위치를 확인합니다.

TIP 날대의 수가 홀수라면 따라엮기 대신 막엮기를 합니다.

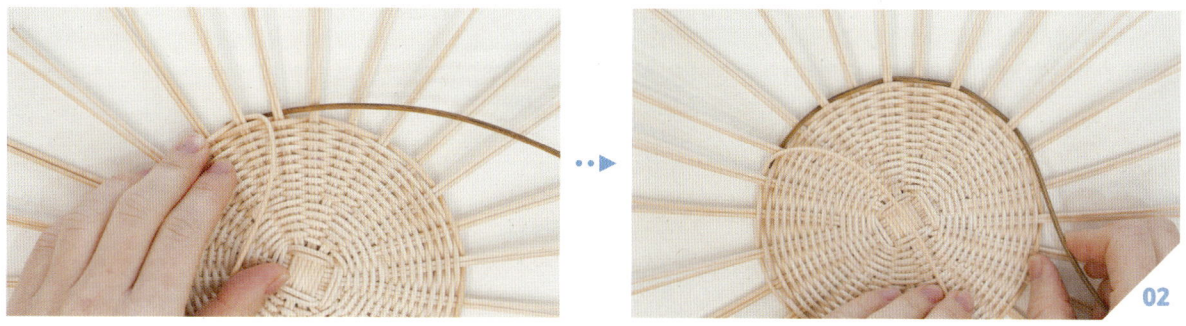

위에 있는 사릿대는 왼쪽으로 젖혀두고 아래에 있는 사릿대는 날대의 앞뒤로 엮습니다.

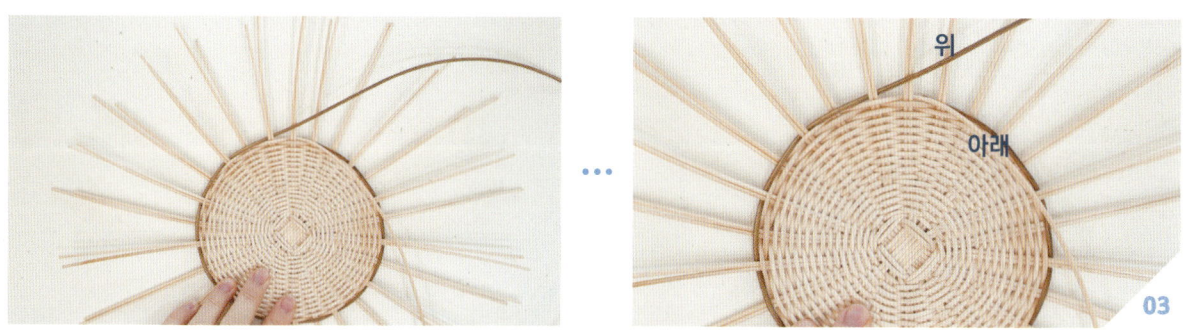

한 바퀴를 돌아 다시 두 사릿대가 만났을 때 다시 사릿대의 위, 아래 위치를 확인합니다.

02번 과정과 같은 방법으로 위에 있는 사릿대는 왼쪽으로 젖혀두고 아래에 있는 사릿대는 날대의 앞뒤로 엮어나갑니다.
같은 방법을 반복하는 것을 따라엮기 기법이라고 합니다.

십(十) 자 바닥짜기

날대의 개수를 홀수로 준비해 두 묶음으로 나눕니다.
TIP 날대의 개수는 보통 11줄, 13줄, 15줄, 17줄 정도가 적당합니다.

개수가 홀수이니 나눌 때는 한쪽이 하나 더 많게 나눕니다.
TIP 반으로 나눌 때는, 만약 날대가 13줄이라면 6줄과 7줄로 나눠 준비합니다.

두 묶음 중 날대의 개수가 하나 적은 묶음을 세로로 두고, 그 위에 다른 묶음(날개의 개수가 하나 더 많은 묶음)을 가로로 올립니다.

사릿대 1줄을 세로 날대 묶음 오른쪽에 두고, 가로 날대 묶음 위쪽으로 2~5cm 정도 남깁니다.

04번 과정의 사릿대를 위로 접어 올린 후 반시계 방향으로 한 바퀴 돌리며 엮습니다.

반시계 방향으로 한 바퀴 돌리면 가로 날대 묶음에 사릿대가 엮이게 됩니다. 같은 방법으로 한 번 더 돌립니다(총 2바퀴). 이때 마지막 동작에서 사릿대는 4시 방향으로 날대 뒤에 위치해야 합니다.

4시 방향에 위치한 사릿대를 왼쪽으로 접은 후 이번에는 시계 방향으로 돌려 세로 날대 묶음에 사릿대를 엮습니다.

시계 방향으로 한 바퀴를 더 돌린 뒤(총 2바퀴), 사릿대가 4시 방향에 오도록 합니다.

08번 과정의 사릿대는 그대로 두고, 기존에 있던 6시 방향의 세로 날대 오른쪽 2줄을 끈으로 묶어 시작점을 표시합니다.

04번 과정에서 2~5cm 정도 남겨두었던 짧은 사릿대를 가위로 잘라 정리하면 십(十) 자 바닥짜기 기법 완성입니다.

TIP 04번~08번까지의 과정을 [매끼돌리기]라고 합니다.

우물 정(井) 자 바닥짜기

'총 날대의 수 ÷ 4'를 한 묶음으로 하여 총 네 묶음을 만듭니다. 먼저 첫 번째 묶음을 세로로 가지런히 둡니다.

TIP 작품 크기에 따라 날대의 수는 달라집니다. 예시에서는 날대 15개를 기준으로 합니다.

두 번째 묶음은 첫 번째 묶음 위에 가로로 올려 십(十) 자 모양으로 만듭니다.

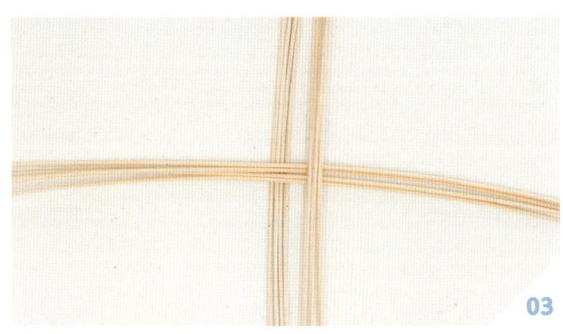

세 번째 묶음은 두 번째 묶음 위, 오른쪽에 세로로 둡니다.

TIP 세 번째로 배치되는 묶음은 기존 묶음의 개수보다 한 개가 적은 묶음입니다.

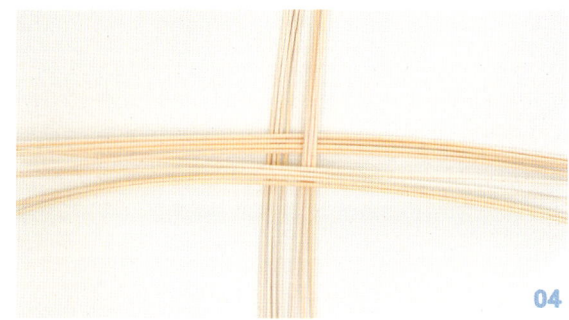

네 번째 묶음은 세 번째 묶음 위, 아래쪽에 가로로 둡니다.

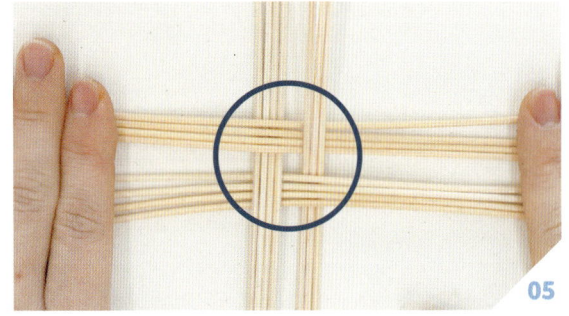

첫 번째 묶음을 네 번째 묶음 위로 올려 서로 얽히게 하여 우물 정(井) 자 모양을 만듭니다.

사릿대 1줄을 세 번째 묶음 오른쪽에 두고, 두 번째 묶음 위쪽으로 2~5cm 정도 남깁니다.

06번 과정의 사릿대를 위로 접어 올린 후 반시계 방향으로 한 바퀴 돌리며 엮습니다.

반시계 방향으로 한 바퀴 돌리며 엮으면 날대 묶음에 사릿대가 한 번씩 엮이게 됩니다.

같은 방법으로 한 바퀴를 더 돌리며 엮습니다(총 2바퀴). 이때 마지막 동작에서 사릿대는 4시 방향으로 날대 뒤에 위치해야 합니다.

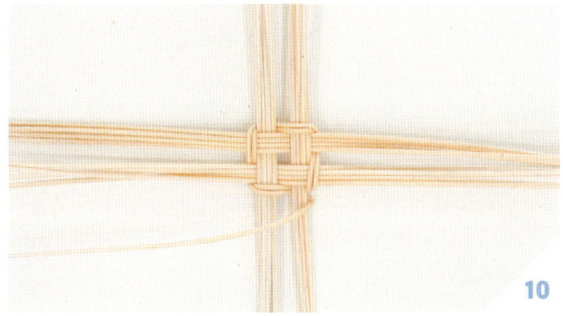 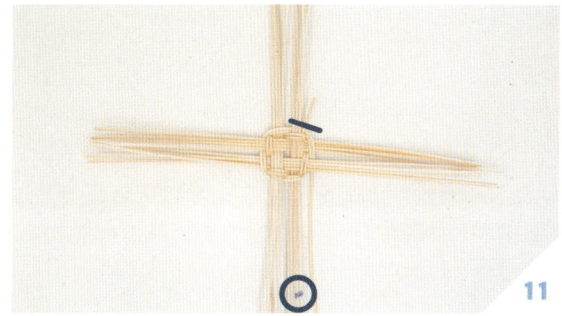

4시 방향으로 온 사릿대를 왼쪽으로 접은 다음, 이번에는 시계 방향으로 두 바퀴 돌리며 날대 묶음에 엮습니다.

10번 과정의 사릿대가 6시 방향으로 오면, 기존에 있던 6시 방향의 오른쪽 날대 2줄을 끈으로 묶어 시작점을 표시합니다. 그다음 06번 과정에서 2~5cm 정도 남겨두었던 짧은 사릿대는 가위로 잘라 정리합니다.

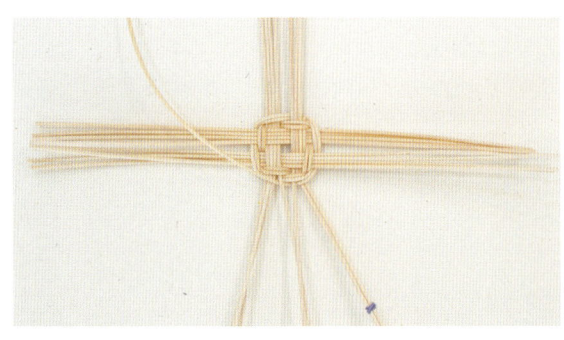 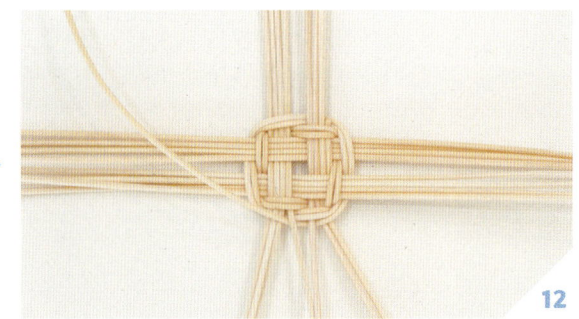

그다음부터 날대를 두 줄씩 나누어엮는 것을 우물 정(井) 자 바닥짜기 기법이라고 합니다.

> TIP [Part 1. 라탄과 친해지기]의 [Chapter 3. 라탄 공예 기초기법_두 줄씩 나누어엮기(p.39)]를 참고합니다.

> TIP 06번~12번까지의 과정을 [매끼돌리기]라고 합니다.

쌀 미(米) 자 바닥짜기

'총 날대의 수 ÷ 4'를 한 묶음으로 하여 총 네 묶음을 만듭니다. 먼저 첫 번째 묶음을 세로로 가지런히 둡니다.

> TIP 예시에서는 날대 13개를 기준으로 합니다.

두 번째 묶음은 첫 번째 묶음 위에 가로로 올려 십(十) 자 모양으로 만듭니다.

세 번째 묶음은 두 번째 묶음 위에 대각선으로 올립니다.

네 번째 묶음은 세 번째 묶음 위에 반대편 대각선으로 얹어 쌀 미(米) 자 모양으로 만듭니다.

TIP 네 번째로 배치되는 묶음은 기존 묶음의 개수보다 한 개가 많은 묶음입니다.

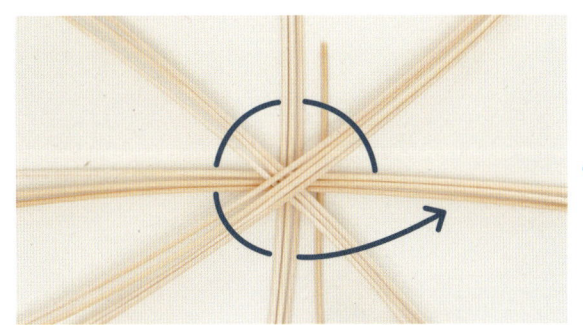

사릿대 1줄을 가장 아래쪽의 첫 번째 묶음 바로 옆 오른쪽에 나란히 두고, 위쪽으로 2~5cm 정도 남깁니다. 그다음 오른쪽 위로 접어 올려 반시계 방향으로 날대 묶음을 하나씩 엮습니다.

반시계 방향으로 총 3바퀴를 감아 엮습니다.

TIP 매끼돌리기의 바퀴 수는 작품의 크기에 따라 2~5바퀴로 달라집니다.

3바퀴를 다 감았다면 사릿대를 왼쪽으로 접어 기존의 6시 방향의 날대에 감기도록 합니다.

사릿대를 시계 방향으로 돌리면서 날대 묶음을 하나씩 엮습니다.

시계 방향으로 총 3바퀴를 감아 엮습니다.

> TIP 05번~09번까지의 과정을 [매끼돌리기]라고 합니다.

09번 과정의 사릿대가 6시 방향으로 오면, 기존에 있던 6시 방향의 오른쪽 날대 2줄을 끈으로 묶어 시작점을 표시합니다. 그다음 05번 과정에서 2~5cm 정도 남겨두었던 짧은 사릿대는 가위로 잘라 정리합니다.

그다음부터 날대를 두 줄씩 나누어엮는 것을 쌀 미(米) 자 바닥짜기 기법이라고 합니다.

> TIP [Part 1. 라탄과 친해지기]의 [Chapter 3. 라탄 공예 기초기법_ 두 줄씩 나누어엮기(p.39)]를 참고합니다.

기초 더하기

〈우물 정(井) 자 바닥짜기와 쌀 미(米) 자 바닥짜기를 할 때 묶음 개수 나누는 방법〉

날대의 개수가 21개일 경우에는 5, 5, 5, 6줄로 나누고, 날대의 개수가 23개일 경우에는 6, 6, 6, 5줄로 나눕니다.
각각 기본 묶음의 개수보다 한 개가 많은 묶음과 한 개가 적은 묶음이 생기는데, 작품의 제작 과정에 따라 위치를 배치하면 됩니다.

두 줄씩 나누어엮기

시작점을 11시 방향에 두고, 시작점부터 두 줄씩 나눠엮습니다.

두 줄씩 나눠 오른쪽으로 계속 엮어나가는 것을 두 줄씩 나누어엮기 기법이라고 합니다.

〈날대의 수가 홀수인 경우〉

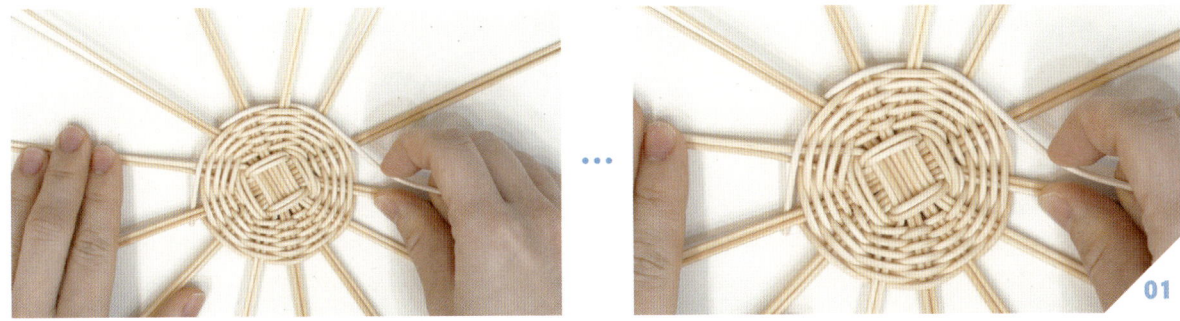

막엮기 기법으로 원하는 지름까지 바닥을 넓혀 나갑니다.

TIP [Part 1. 라탄과 친해지기]의 [Chapter 3. 라탄 공예 기초기법_막엮기(p.30)]를 참고합니다.

TIP 우물 정(井) 자 바닥짜기(p.34), 쌀 미(米) 자 바닥짜기(p.36)에도 동일하게 적용됩니다.

〈날대의 수가 짝수인 경우〉

새로운 사릿대를 준비한 뒤 시작점의 왼쪽 날대의 왼쪽 공간에 넣습니다.

기존의 사릿대는 헷갈리지 않도록 왼쪽으로 젖혀 손으로 잡아둡니다.

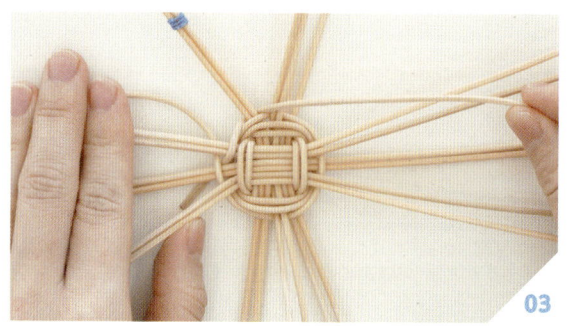

새로운 사릿대로 오른쪽으로 한 바퀴 엮습니다.

한 바퀴를 다 돌았으면 기존의 사릿대와 위, 아래를 구분한 뒤 따라엮기 기법으로 원하는 지름까지 바닥을 넓혀나갑니다.

TIP [Part 1. 라탄과 친해지기]의 [Chapter 3. 라탄 공예 기초기법_따라엮기(p.30)]를 참고합니다.

나선엮기

날대 두 묶음을 준비한 뒤, 십(十) 자 모양으로 겹쳐 십(十) 자 바닥짜기를 합니다.

TIP [Part 1. 라탄과 친해지기]의 [Chapter 3. 라탄 공예 기초기법_십(十)자 바닥짜기(p.32)]를 참고하여 08번 과정까지 작업합니다.

두 줄씩 나누어엮기 전, 날대 하나를 자릅니다.

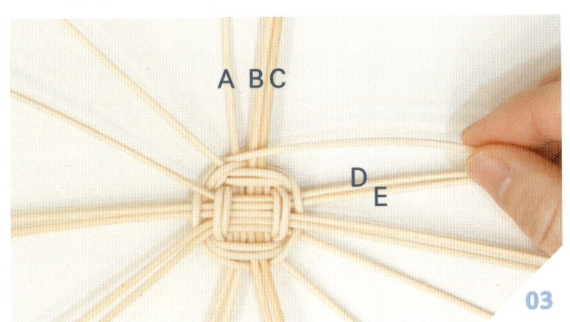

날대를 두 줄씩 나누어엮습니다. 02번 과정에서 날대 하나를 잘랐기 때문에 한 바퀴를 엮으면 날대 하나가 남습니다. 남은 날대는 바로 옆의 날대와 겹쳐 다시 두 줄씩 엮습니다.

TIP A와 B를 한 조로, C와 D를 한 조로 합니다.

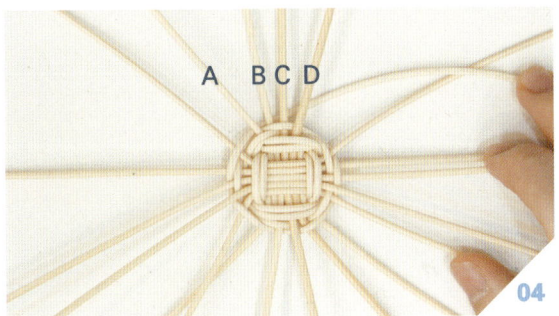

한 바퀴 엮은 후, 또다시 날대 하나가 남으면 옆의 날대와 겹쳐 다시 두 줄씩 엮습니다.

TIP A와 B, C와 D가 한 조가 되도록 두 줄씩 나누어 엮습니다.

03번~04번 과정을 반복하여 원하는 바닥의 크기만큼 넓혀나가는 것을 나선엮기 기법이라고 합니다.

타원형 바닥짜기

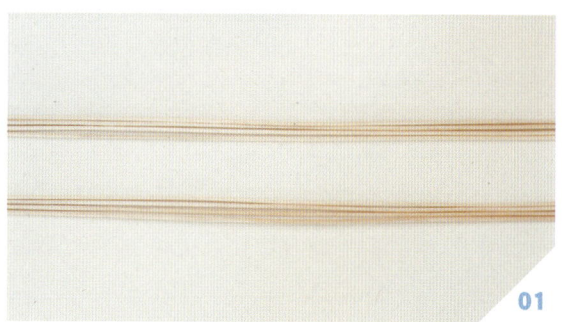

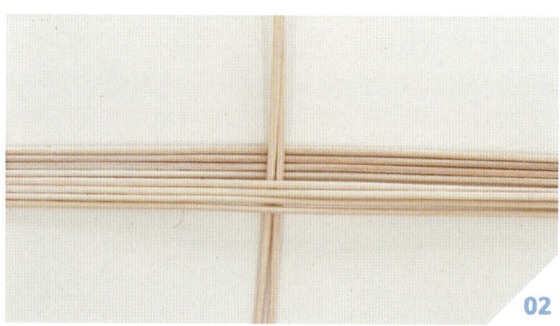

가로 날대는 4줄씩 두 묶음으로 나누어 나란히 둡니다.

세로 날대는 2줄을 1조로 하여, 가로 날대 두 묶음 사이에 세로로 엇갈리게 둡니다.

TIP 첫 번째 가로 날대 묶음의 위, 두 번째 가로 날대 묶음의 아래쪽으로 통과합니다.

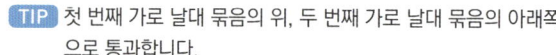

2줄을 1조로 하나 더 준비하여, 가로 날대 두 묶음 사이에 세로로 엇갈리게 둡니다. 이때 02번 과정의 세로 날대와 반대로 엮습니다.

TIP 첫 번째 가로 날대 묶음의 아래, 두 번째 가로 날대 묶음의 위쪽으로 통과합니다.

세로 날대를 2줄씩 3조를 더 준비하여, 가로 날대 두 묶음과 세로로 엇갈리게 둡니다.

사릿대 1줄을 가장 오른쪽의 세로 날대 옆에 나란히 두고, 위쪽으로 2~5cm 정도 남깁니다.

사릿대를 위로 접어 올린 후, 첫 번째 가로 묶음 아래쪽으로 통과합니다.

사릿대를 반시계 방향으로 돌리며 엮습니다. 이때 세로 날대는 2줄씩, 가로 날대는 4줄씩 묶어 엮습니다.

반시계 방향으로 한 번 더 엮은 다음(총 2바퀴), 사릿대가 4시 방향에 왔을 때 왼쪽으로 접습니다. 그다음 이번에는 시계 방향으로 2바퀴를 돌려 엮습니다.

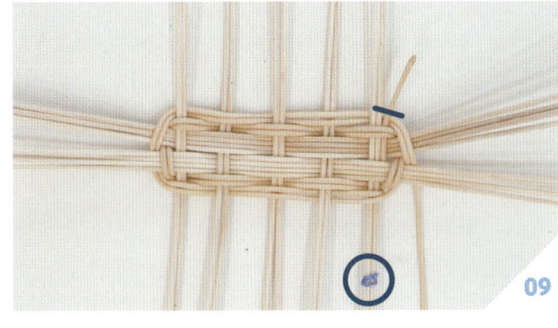

08번 과정의 사릿대가 6시 방향으로 오면, 기존에 있던 6시 방향의 오른쪽 날대 2줄을 끈으로 묶어 시작점을 표시합니다. 그다음 05번 과정에서 2~5cm 정도 남겨두었던 짧은 사릿대를 가위로 잘라 정리합니다.

시작 부분이 위로 가도록 전체를 돌린 다음, 새로운 사릿대를 준비하여 기존 사릿대 엮임과 반대로 교차하며 엮습니다.

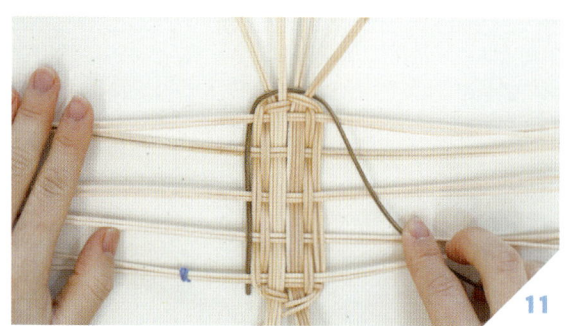

가로 날대는 두 줄씩 나누어 엮습니다.

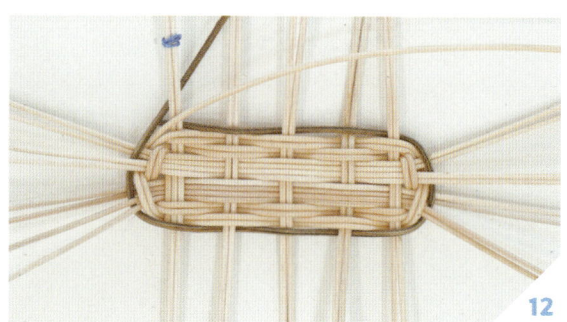

한 바퀴를 다 돌았으면 기존의 사릿대와 위, 아래를 구분한 뒤, 따라엮기로 원하는 바닥의 크기만큼 넓혀나갑니다. 이것을 타원형 바닥짜기 기법이라고 합니다.

> **TIP** [Part 1. 라탄과 친해지기]의 [Chapter 3. 라탄 공예 기초기법_따라엮기(p.30)]를 참고합니다.

사각 바닥짜기

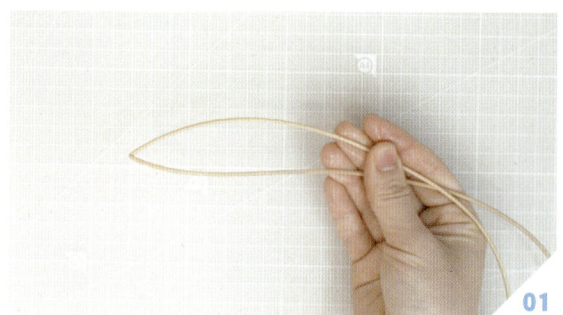

사릿대 1줄을 반으로 접어 가로 날대를 만듭니다.

> **TIP** 바닥의 '가로 길이+높이+18cm' 지점에서 사릿대를 접어야 합니다.

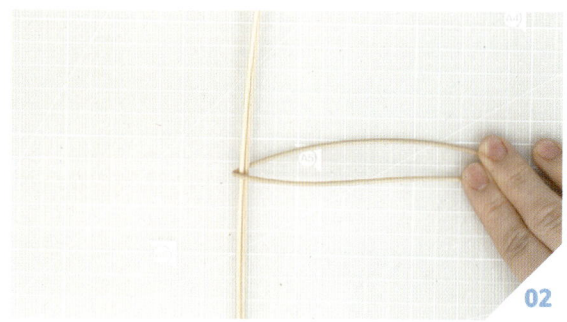

세로 날대 2줄을 1조로 하여, 가로 날대의 오른쪽 접은 부분 사이에 끼웁니다.

가로 날대를 위아래로 교차시킨 다음, 세로 날대 2줄을 1조로 하여 가로 날대 오른쪽에 끼웁니다.

세로 날대를 2줄씩 8조를 더 준비하여, 같은 방법으로 가로 날대에 엮습니다.

TIP 세로 날대 배열은 간격을 균등하게 맞춰줍니다.

TIP 바닥의 크기에 따라 세로 날대 조의 개수는 달라집니다.

총 10조의 세로 날대를 엮은 다음, 오른쪽 끝에 온 사릿대 중 날대 아래쪽에 있는 사릿대를 왼쪽으로 접습니다.

왼쪽으로 접은 사릿대를 날대와 교차하며 왼쪽 끝까지 엮습니다.

TIP 반대 방향으로 접어 방향을 바꿔 엮는 것을 [되돌아엮기]라고 합니다.

왼쪽 끝까지 엮은 사릿대는 다시 오른쪽으로 접어, 이번에는 오른쪽 끝까지 교차해 엮습니다.

양쪽 끝에 접힌 부분이 3세트가 될 때까지 05번~07번 과정을 반복합니다.

왼쪽에서 끝난 가로 날대는 '높이+18cm'만 남기고 가위로 자릅니다.

새로운 사릿대를 하나 준비하여 09번 과정에서 자른 가로 날대 길이에 시작점을 맞춘 후 오른쪽으로 세로 날대를 교차해 엮습니다.

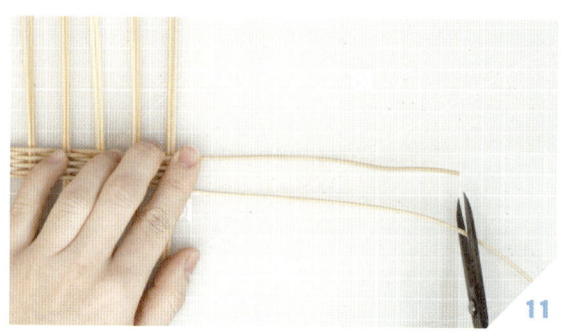

오른쪽에서 끝난 사릿대 역시 '높이+18cm' 길이만 남기고 가위로 자릅니다.

사릿대를 1줄 더 준비하여 자른 가로 날대 길이에 시작점을 맞춘 후, 05번~11번 과정을 참고하여 3세트씩 엮고 잘라 정리합니다.

같은 과정을 반복하며 원하는 크기로 바닥짜기를 한 후, 양 끝에 튀어나온 사릿대를 2cm 정도로 잘라 정리하면 사각 바닥짜기 기법 완성입니다.

되돌아엮기

왼쪽에서 두 번째에 위치한 날대를 기준 삼아 사릿대를 오른쪽으로 접어 엮다가, 오른쪽에서 두 번째에 위치한 날대를 기준 삼아 사릿대를 왼쪽으로 접어 다시 엮습니다.

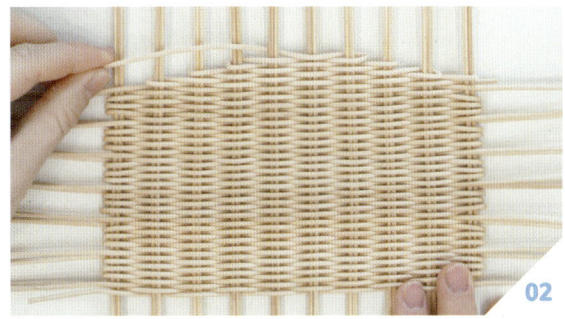

같은 방법으로 접어 엮되, 날대를 1조씩 줄여가면서 엮는 것을 되돌아엮기 기법이라고 합니다.

TIP '되돌아엮기'는 층을 만들거나 곡선을 만들 때, 사각 바닥짜기 할 때 사용하는 기법입니다.

두 줄 꼬아엮기

편의상 날대와 날대 사이의 공간을 왼쪽부터 A~F로 정하고, 사릿대는 초록색 사릿대는 1번, 갈색 사릿대는 2번이라고 정하겠습니다. 1번 사릿대와 2번 사릿대를 A, B 공간에 나란히 걸어줍니다.

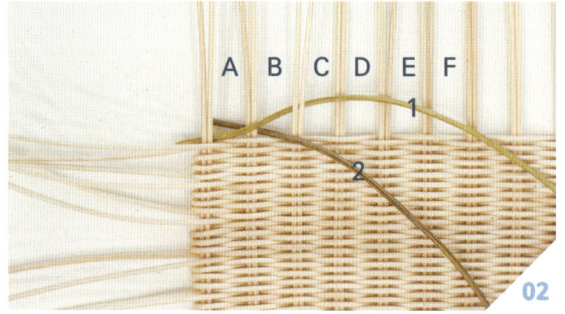

1번 사릿대를 B로 들어갔다가 C로 나오게 엮습니다.

2번 사릿대는 C로 들어갔다가 D로 나오게 엮습니다.

02번~03번 과정을 연이어 반복하는 것을 두 줄 꼬아엮기 기법이라고 합니다.

세 줄 꼬아엮기

사릿대 세 줄을 날대 사이에 나란히 두고 순서대로 1번, 2번, 3번이라고 정합니다. 그다음 1번 사릿대가 걸쳐진 날대를 끈으로 묶어 시작점을 표시합니다.

편의상 날대와 날대 사이의 공간을 시작점에서 왼쪽으로 A~G로 정하겠습니다. 1번 사릿대가 3번 사릿대의 위를 지나가도록 C로 들어갔다가 D로 나오게 엮습니다.

2번 사릿대가 1번 사릿대의 위를 지나가도록 D로 들어갔다가 E로 나오게 엮습니다.

3번 사릿대가 2번 사릿대의 위를 지나가도록 E로 들어갔다가 F로 나오게 엮습니다. 이 과정을 전체 바닥을 한 바퀴 다 돌 때까지 반복합니다.

한 바퀴를 다 꼬아 엮었다면 사릿대 세 줄을 나란히 두고 다시 1번, 2번, 3번 순서를 정합니다. 이때 3번 사릿대는 시작점으로 표시해 둔 날대의 왼쪽에 위치해야 합니다.

이번에는 편의상 날대와 날대 사이의 공간을 시작점 바로 앞칸부터 왼쪽으로 A~D로 정하겠습니다. 1번 사릿대를 3번 사릿대의 위를 지나가도록 A에 넣어 뒤로 뺍니다.

2번 사릿대는 B에 넣어 뒤로 빼고, 3번 사릿대는 C에 넣어 뒤로 뺍니다.

TIP 1번~3번 사릿대가 순서대로 각기 다른 칸으로 들어가게 넣으면 됩니다.

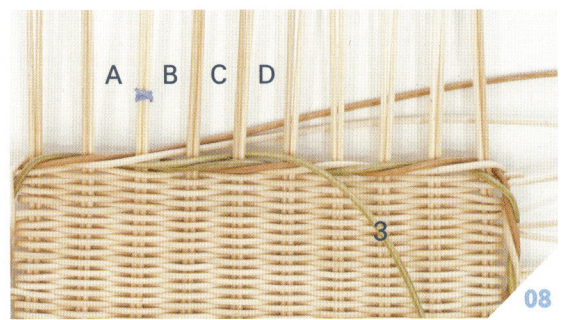

3번 사릿대를 D로 빼 앞쪽으로 가져옵니다.

2번 사릿대는 C로 빼고, 1번 사릿대는 B로 빼서 앞쪽으로 가져옵니다. 이 상태에서 다시 원하는 만큼 세 줄 꼬아엮기를 반복합니다.

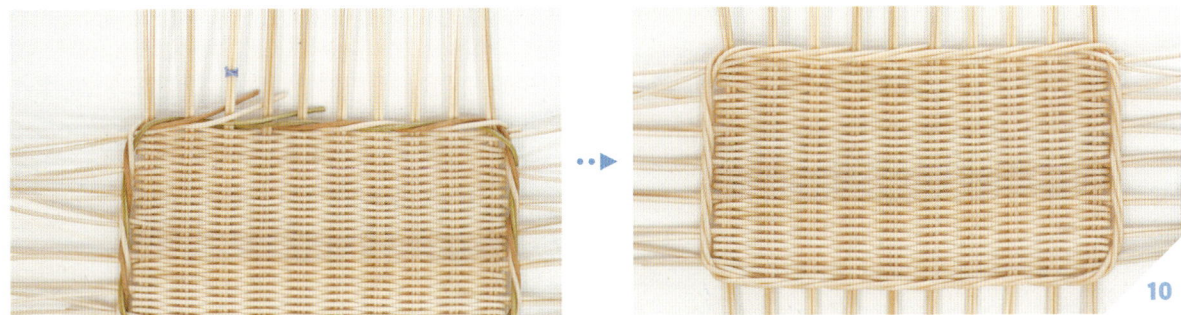

마무리할 때는 **07**번 과정과 같은 상태에서 끝부분을 사진과 같이 잘라 날대 뒤로 숨기면 세 줄 꼬아엮기 기법 완성입니다.

세 줄 아래로 꼬아엮기

사릿대 세 줄을 날대 사이에 나란히 두고 순서대로 1번, 2번, 3번이라고 정합니다. 그다음 1번 사릿대가 걸쳐진 날대를 끈으로 묶어 시작점을 표시합니다.

TIP 세 줄 꼬아엮기 1단 후 세 줄 아래로 꼬아엮기 1단을 했을 때 생기는 무늬를 '깃털무늬'라고 합니다.

편의상 날대와 날대 사이의 공간을 시작점부터 왼쪽으로 A~E로 정하겠습니다. 2번과 3번 사릿대를 들어 올린 후, 1번 사릿대를 3번 사릿대가 있는 C로 들어갔다가 D로 나오게 엮습니다.

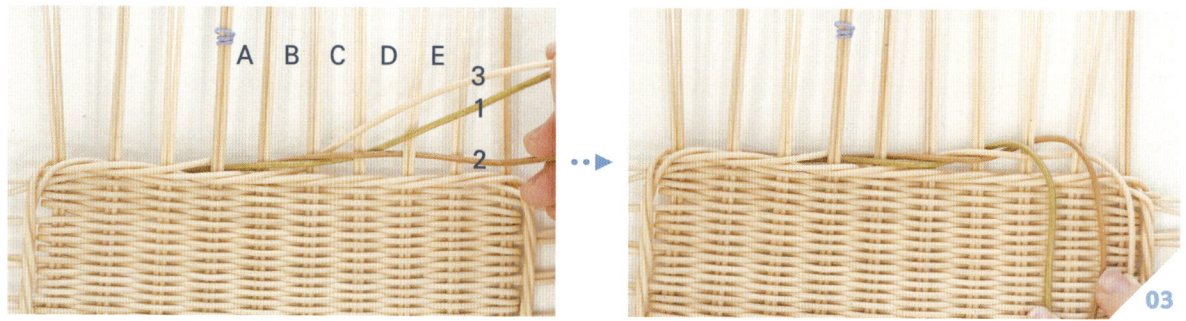

3번과 1번 사릿대를 들어 올린 후, 2번 사릿대를 1번 사릿대가 있는 D로 들어갔다가 E로 나오게 엮습니다. 이 과정을 반복하여 한 바퀴 엮습니다.

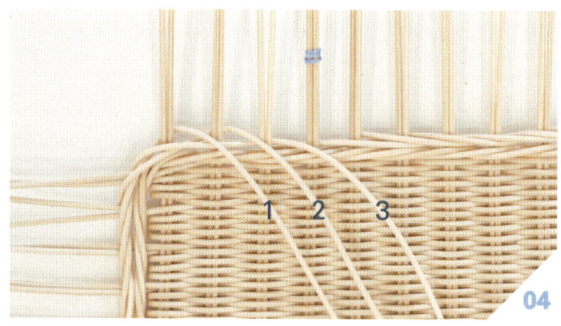

한 바퀴 다 꼬아 엮었다면 사릿대 세 줄을 나란히 두고 다시 1번, 2번, 3번 순서를 정합니다. 이때 3번 사릿대는 시작점으로 표시해 둔 날대의 왼쪽에 위치해야 합니다.

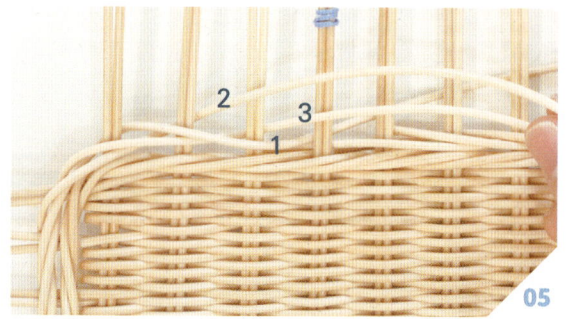

2번과 3번 사릿대를 들어 올린 후, 1번 사릿대를 3번 사릿대가 있는 칸(시작점 날대의 왼쪽)에 넣어 뒤로 뺍니다.

뒤로 뺀 1번 사릿대는 시작점 날대에 걸릴 만큼 잘라 정리하고, 2번과 3번 사릿대는 5cm 정도의 길이로 자릅니다.

사진을 참고해 시작점 오른쪽 첫 번째 날대 위로 올라온 가로 날대에 송곳으로 공간을 만들고, 2번 사릿대를 넣습니다. 이때 2번 사릿대가 3번 사릿대의 아래를 지나가도록 해야 합니다.

마지막으로 사진을 참고해 두 번째 날대 위로 올라온 가로 날대에 송곳을 넣을 위치를 확인하고 공간을 만든 다음 3번 사릿대를 넣습니다.

바깥으로 사릿대가 튀어나오지 않도록 잘 정리하면 세 줄 아래로 꼬아엮기 기법 완성입니다.

엮어 마무르기 (하-상-하)

A 날대를 B와 C 날대 사이로 빼낸 다음, C와 D 날대 사이로 집어넣습니다.

B 날대를 C와 D 날대 사이로 빼낸 다음, D와 E 날대 사이로 집어넣습니다.

날대가 두 개만 남을 때까지 01번~02번 과정을 반복합니다.

A 날대는 B 날대의 뒤를 지나 앞으로 빼낸 후, C 날대 아래로 통과해 집어넣습니다.

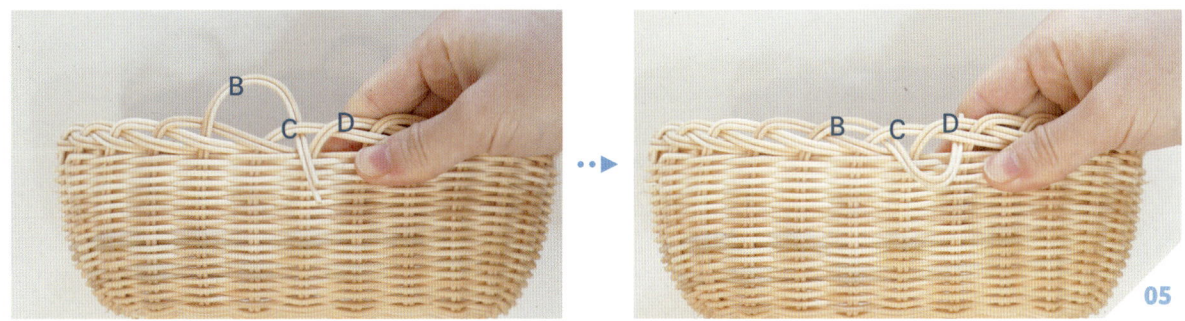

마지막으로 남은 B 날대는 C 날대의 뒤를 지나 앞으로 빼낸 후, C와 D 날대 아래로 통과해 집어넣습니다.

날대 사이가 뜨지 않게 잘 마무리하면 엮어 마무르기(하-상-하)기법 완성입니다.

두 번 젖혀 마무르기

A 날대가 B 날대 뒤를 지나 B와 C 날대 사이로 나오게 합니다.

B 날대도 C 날대 뒤를 지나 C와 D 날대 사이로 나오게 합니다. 이 과정을 날대가 하나 남을 때까지 반복합니다.

마지막 남은 날대는 A 날대의 아래 공간으로 나오게 합니다.

03번 과정에서 A 날대 아래로 나오게 한 마지막 날대를 A와 B 날대 사이로 넣습니다.

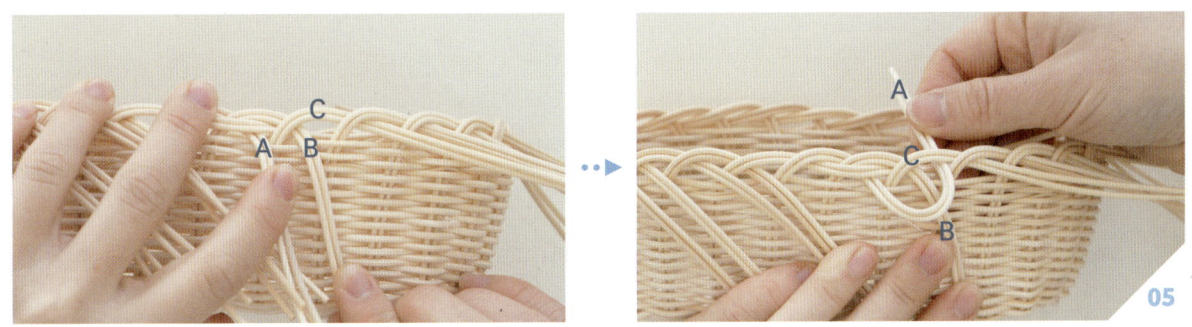

A 날대를 B와 C 날대 사이 공간으로 넣습니다. 이 과정을 날대가 하나 남을 때까지 반복합니다.

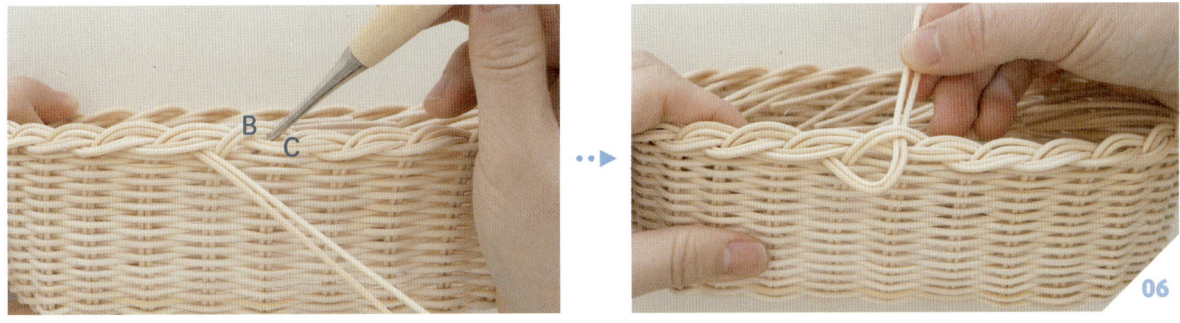

B와 C 날대 사이에 송곳을 넣어 살짝 넓힌 후, 마지막 날대를 그 공간으로 넣습니다.

안쪽에 모여있는 날대에 물을 충분히 뿌려 부드럽게 만듭니다.

안쪽의 A날대와 B날대를 나란히 잡습니다.

A 날대가 B 날대 위로 올라오도록 오른쪽으로 넘긴 후, 빈틈이 없도록 A 날대를 바구니 몸통 쪽으로 바짝 밀착시킵니다.

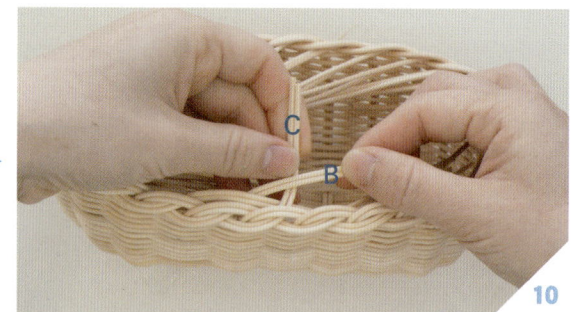

A 날대가 풀어지지 않게 손가락으로 누르면서 오른쪽에 있는 날대를 새로 잡아 C 날대를 만듭니다. 그다음 09번 과정과 마찬가지로 B 날대를 C 날대 위로 겹쳐 바구니 몸통에 바짝 밀착시킵니다.

09번~10번 과정을 반복해 날대가 하나 남을 때까지 엮습니다.

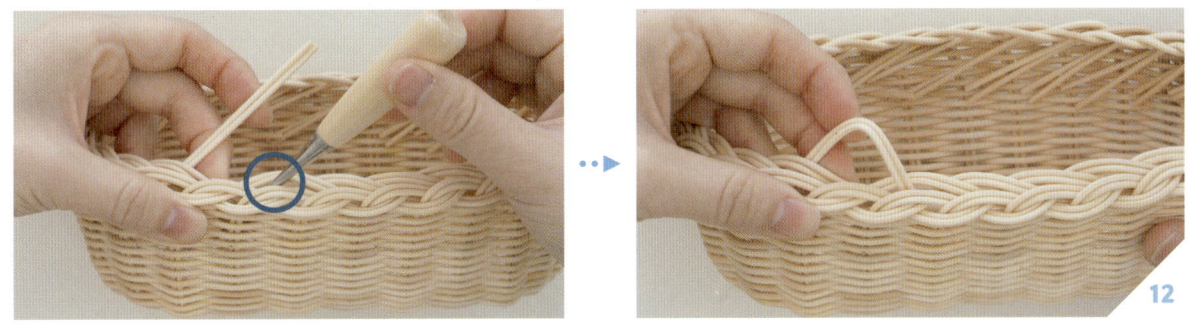

사진을 참고해 마지막 날대 옆에 송곳으로 공간을 만들고, 마지막 날대를 그 공간으로 넣어 줍니다.

두 번 젖혀 마무르기 기법 완성입니다.

세 번 젖혀 마무르기

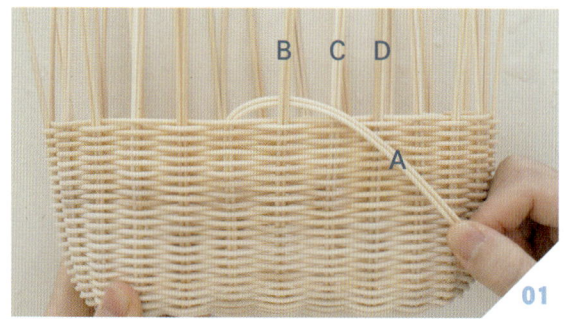

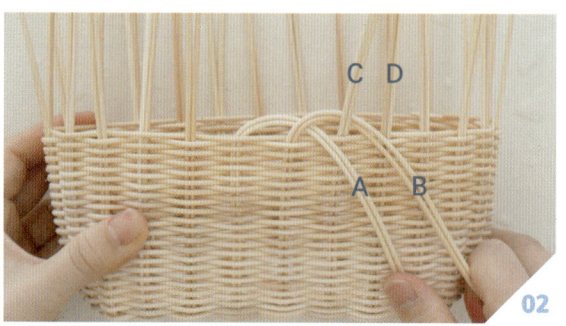

A 날대가 B 날대 뒤를 지나 B와 C 날대 사이로 나오게 합니다.

B 날대도 C 날대 뒤를 지나 C와 D 날대 사이로 나오게 합니다.

날대가 하나 남을 때까지 01번~02번 과정을 반복한 후, 송곳을 활용해 A 날대 아래 공간을 살짝 넓혀줍니다.

마지막 날대를 A 날대의 아래 공간으로 나오게 합니다.

04번 과정에서 나온 날대를 '옆옆 날대의 오른쪽 공간(송곳으로 표시한 공간)'으로 집어넣습니다.

날대가 두 개 남을 때까지 05번 과정을 반복합니다.

남은 두 개의 날대 중 왼쪽 날대를 송곳으로 표시한 공간에 넣습니다.

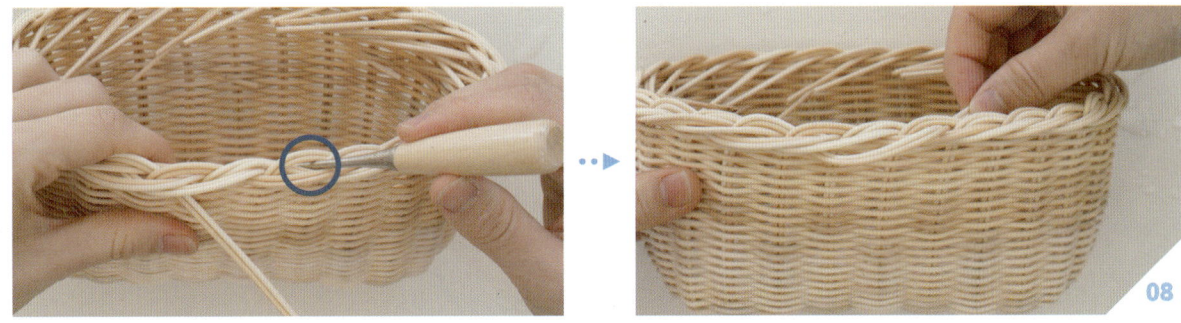

마지막 남은 날대도 송곳으로 표시한 공간에 넣습니다.

바구니 안쪽으로 들어간 날대는 두 번 젖혀 마무르기 기법의 **07**번~**12**번 과정을 참고하여 마무리하면 세 번 젖혀 마무르기 기법 완성입니다.

TIP [Part 1. 라탄과 친해지기]의 [Chapter 3. 라탄 공예 기초기법_두 번 젖혀 마무르기(p.56)]를 참고합니다.

감아 마무르기

작품을 한 바퀴 감쌀 정도의 길이로 환심 1줄을 잘라 준비합니다.

TIP 이 환심이 작품의 '심대'가 됩니다.

A 날대 묶음 중 왼쪽 날대 1줄을 잡아 C 날대 묶음 사이로 넣습니다. 이때 심대의 아래쪽으로 들어가게 넣어야 합니다.

A 날대 묶음 중 오른쪽 날대는 C와 D 날대 묶음 사이로 넣습니다. 이때도 마찬가지로 심대 아래쪽으로 넣습니다.

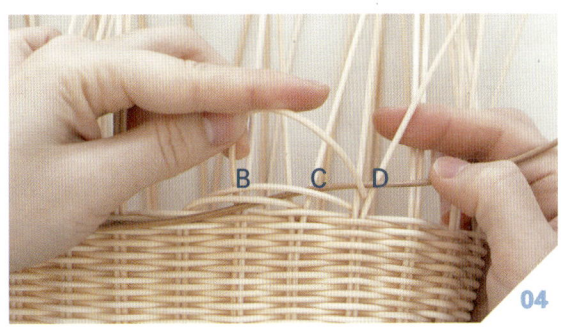

B 날대 중 왼쪽 날대를 심대 아래쪽 D 날대 묶음의 사이로 넣습니다.

B 날대 묶음 중 오른쪽 날대를, 심대 아래쪽 D와 E 날대 묶음 사이로 넣습니다.

날대가 네 줄이 남을 때까지 02번~05번 과정을 반복합니다.

심대와 심대가 만나는 지점을 대각선으로 잘라 서로 겹치는 부분이 없도록 합니다.

C 날대 묶음 사이를 송곳으로 벌려 공간을 만든 후, A 날대 묶음의 왼쪽 날대를 심대 아래로 넣습니다.

A 날대 묶음의 오른쪽 날대는 C와 D 날대 사이(C 날대 묶음 아래) 공간으로 넣습니다.

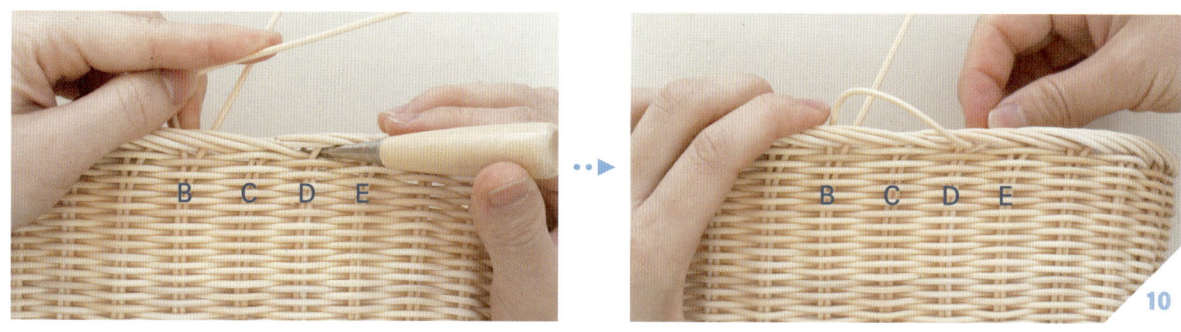

같은 방법으로 D 날대 묶음 사이를 송곳으로 벌려 공간을 만든 후, B 날대 묶음의 왼쪽 날대를 넣습니다.

마지막 남은 B 날대 묶음의 오른쪽 날대는 D와 E 날대 사이(D 날대 묶음 아래) 공간으로 넣습니다.

안쪽의 A 날대와 B 날대를 나란히 잡습니다.

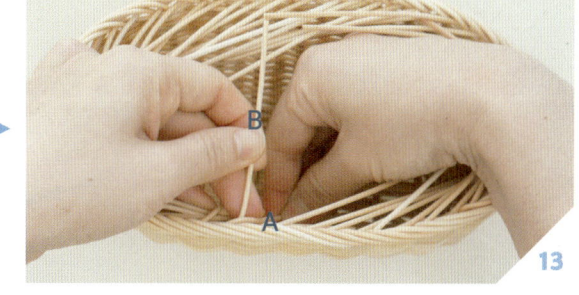

A 날대를 B 날대 위로 올린 후, A 날대를 오른쪽으로 젖혀 바구니 안쪽으로 깊숙이 넣습니다.

그다음 다시 오른쪽 날대를 잡아 12번~13번 과정과 같은 방법으로 엮습니다. 날대가 하나 남을 때까지 이 과정을 반복합니다.

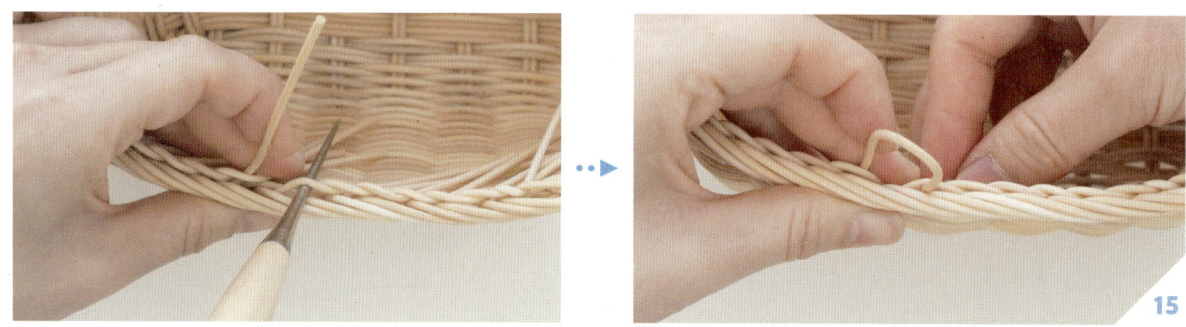

날대가 하나 남았을 때, 오른쪽에 엮인 공간을 송곳으로 살짝 열어준 후 마지막 날대를 넣습니다.

감아 마무르기 기법 완성입니다.

PART 2
라탄 가방 기초 : 부자재 사용하기

- 라탄 가방의 안감
- 라탄 가방의 가죽 부자재
- 라탄 가방의 손잡이
- 라탄 가방의 뚜껑

1. 라탄 가방의 안감

파우치를 활용한 기본형 안감

파우치를 활용한 안감

라탄 작품은 라탄의 엮임 특성상 안쪽에 날대의 절단 부분이 드러납니다. 특히 라탄 가방의 경우는 작품이 깊어서 안쪽에 날대의 절단 부분이 많아 가방 내부에 안감을 넣지 않으면 실제로 사용할 때 많이 불편할 수 있습니다. 이런 불편을 줄이기 위해 주변에서 쉽게 구할 수 있는 파우치 기성품을 리폼하여 라탄 가방의 안감으로 사용하는 방법을 소개하겠습니다.

〈라탄 가방이 원형 혹은 타원형인 경우〉

완성한 라탄 가방과 크기가 비슷한 파우치를 준비합니다.
TIP 파우치의 가로 길이가 라탄 가방 내부 둘레의 1/2 길이면 됩니다.

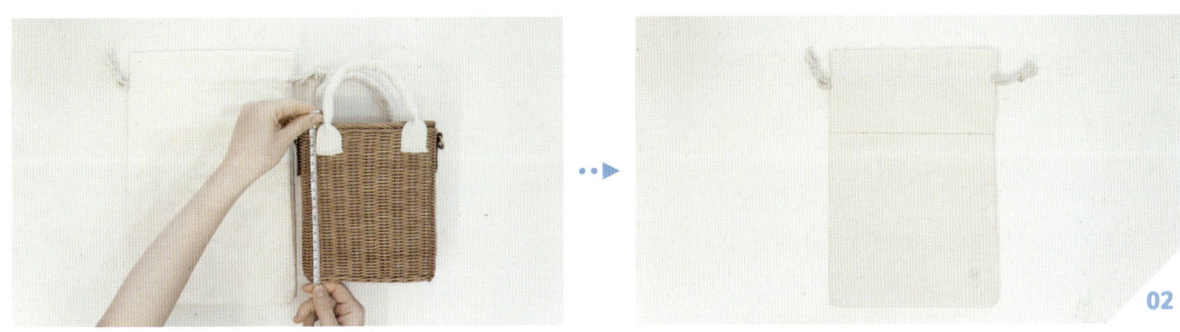

라탄 가방의 세로 길이를 측정한 후 파우치에 선을 그어 표시합니다.

 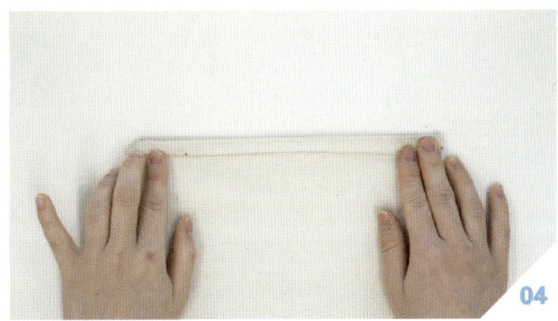

표시한 세로 길이에 1cm를 더해 파우치를 자릅니다.   파우치를 뒤집은 다음, 바깥쪽으로 1cm 접습니다. 02번 과정에서 표시한 선에 맞춰 접으면 됩니다.

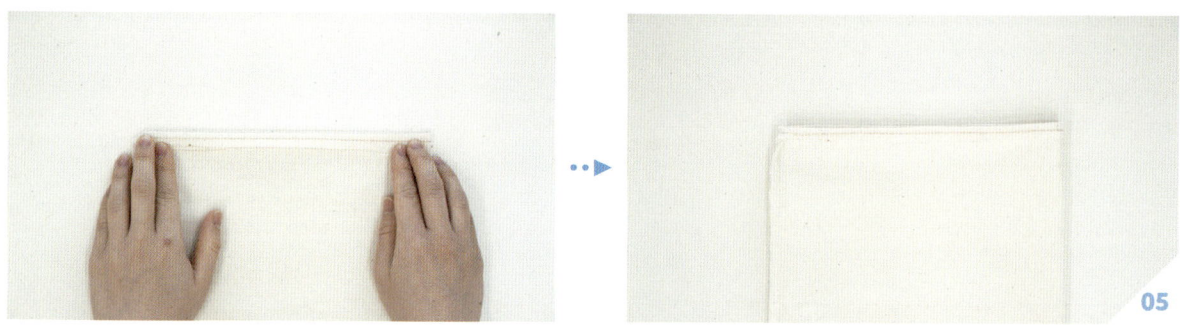

접은 부분의 가운데 지점(0.5cm)에 선을 그어 표시한 후, 그 선을 따라 박음질하거나 홈질해 마무리하면 원형 혹은 타원형 라탄 가방의 기본형 안감 완성입니다.

〈라탄 가방이 사각형인 경우〉

앞서 소개한 〈라탄 가방이 원형 혹은 타원형인 경우〉의 01번~05번 과정에서 이어서 작업합니다. 단, 이 경우에는 라탄 가방의 세로 길이에 2~3cm를 더한 길이로 파우치를 잘라 작업합니다.

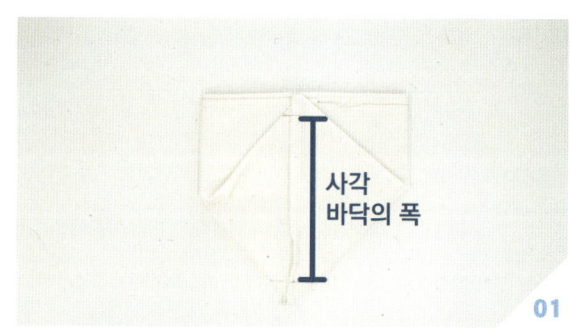

파우치의 바닥 부분을 사진과 같이 마름모 형태로 접습니다. 그다음 사각형 라탄 가방 바닥의 폭만큼을 남기고 위아래 모서리에 선을 그어 박음질 또는 홈질합니다.

박음질 또는 홈질한 부분으로부터 바깥 부분을 0.5cm 정도 남기고 자른 다음 파우치를 뒤집어 모서리를 정리하면 사각형 라탄 가방의 기본형 안감 완성입니다.

> **기초 더하기**
> 〈홈질하는 법〉

원단에 바느질 선을 그어줍니다.

실을 꿰어 매듭을 지은 바늘을 바느질 선에 맞춰 앞면에서 뒷면으로 넣습니다.

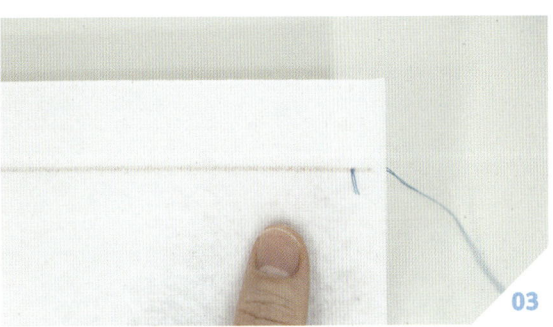

바늘을 뒷면으로 잡아당겨 매듭이 원단에 걸리도록 합니다.

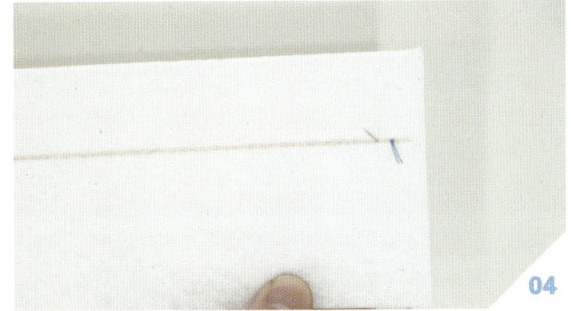

뒷면에서 앞면으로 바늘을 뺍니다. 이때 바느질 선에 맞춰서 바늘이 나오도록 합니다.

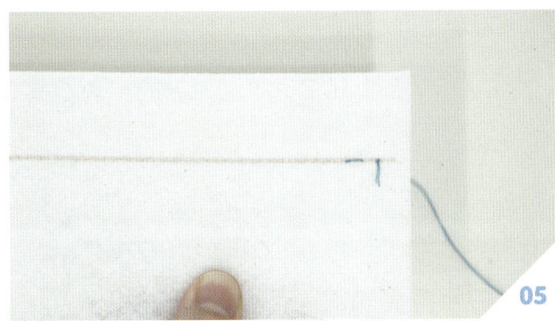

일정한 간격을 두고 뒷면으로 바늘을 뺍니다.

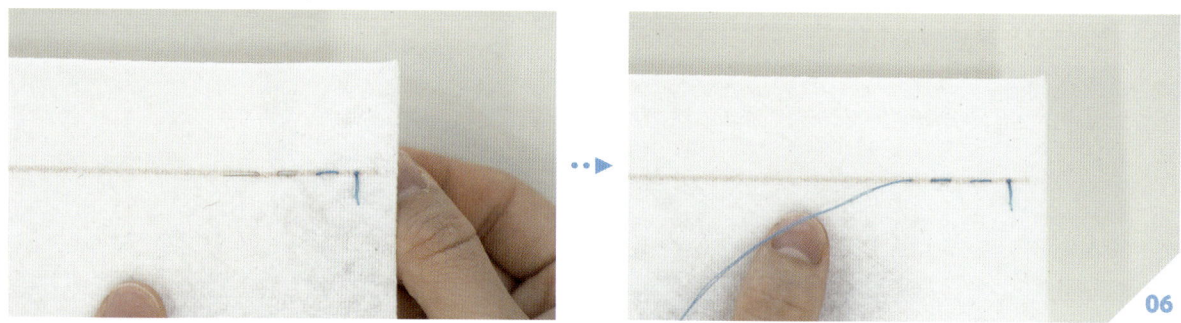

바늘을 완전히 빼지 않고 여러 번 통과시켜 한 번에 여러 땀을 채울 수도 있습니다.

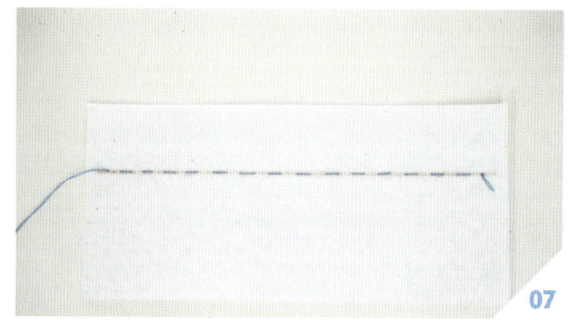

02번~06번의 과정을 반복하여 바느질이 필요한 부분을 홈질합니다.

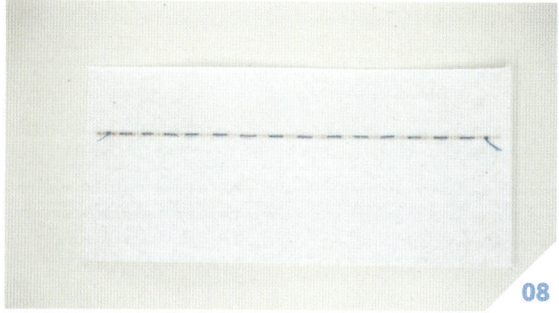

홈질을 다 했으면 끝에서 매듭을 지은 후 잘라 마무리합니다.

파우치를 활용한 스트링 안감

라탄 가방과 비슷한 크기의 파우치를 준비한 후 가방의 세로 길이를 측정합니다.

TIP 파우치의 가로 길이가 라탄 가방의 가로 길이보다 4~6cm 정도 여유 있는 길이의 파우치로 준비합니다.

측정한 세로 길이에서 1cm를 뺀 지점에 직선을 그어 표시합니다.

표시한 직선에서부터 1cm를 더한 지점(가방의 원래 세로 길이 지점)을 접어 파우치의 윗부분을 안으로 집어넣습니다.

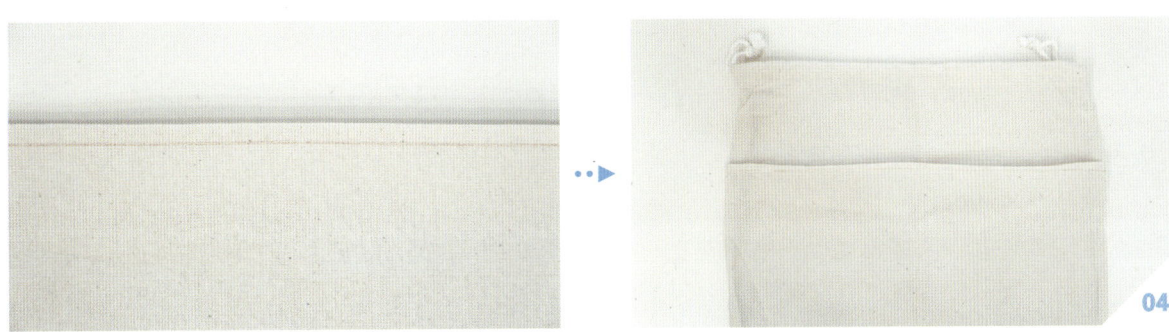

접은 지점으로부터 1cm를 뺀 지점(02번 과정에서 표시한 지점)에 표시한 직선을 따라 박음질하거나 홈질하면 스트링 안감 완성입니다.

라탄 가방에 연결할 때는 파우치의 윗부분을 안으로 넣은 후 가방에 넣어 파우치와 가방을 연결합니다.

TIP [Part 2. 라탄 가방 기초 : 부자재 사용하기]의 [Chapter 1. 라탄 가방의 안감_라탄에 안감 연결하기(p.77)]를 참고합니다.

05번 과정에서 안으로 넣어 연결한 파우치의 윗부분을 꺼내 스트링을 조이면 됩니다.

라탄에 안감 연결하기

라탄과 안감, 바늘, 실을 준비합니다.
TIP 책에서는 설명을 위해 안감과 대비되는 색상의 실을 사용했지만 실제로는 비슷한 색상의 실을 사용합니다.

라탄에 연결할 안감을 댄 후 실 매듭이 겉에서 보이지 않도록 안감의 뒤에서 앞으로 바늘을 가져옵니다.

바늘을 앞으로 가져왔다면 진행 방향에 따라 바느질합니다. 원단을 통과한 바늘이 라탄을 통과하도록 바느질하는데, 이때 환심과 환심 사이의 공간에 바늘을 통과시킵니다.

뒤로 빼낸 바늘을 이번에는 안감 방향으로 넣습니다. 이때 실이 세로 날대에 걸릴 수 있도록 세로 날대 하나 건너 위치에 바늘을 넣습니다.

03번~04번 과정을 반복하여 안감을 라탄에 연결합니다.

TIP 안감을 바느질할 때는 실을 팽팽하게 당기면서 바느질해야 합니다. 느슨한 상태로 바느질하면 안감이 가방에 밀착되지 않고 겉에서 실이 그대로 보이기 때문입니다.

다 연결한 후 안감의 뒤에서 실을 매듭짓고 잘라 정리하면 라탄에 안감 연결하기 완성입니다.

2. 라탄 가방의 가죽 부자재

가죽 부자재 부착하기

가죽 부자재   가죽 부자재는 종류가 다양하고 쉽게 구할 수 있어서 라탄 가방에 많이 활용됩니다. 라탄 가방을 단독으로 사용할 경우 디자인이 밋밋하고 손잡이의 실용성이 떨어지는 단점이 있는데, 이런 부분을 가죽 부자재가 보완해줄 수 있습니다. 직접 가죽 부자재를 제작하는 방법도 있지만, 책에서는 시중에서 쉽게 구할 수 있는 가죽 부자재 완제품을 라탄 가방에 활용하는 방법을 소개하겠습니다.

여러 가죽 부자재 중에서 라탄 가방 용도에 맞는 가죽 부자재를 선택합니다. 이때 가죽 부자재에 바늘구멍이 타공되어 있는지 확인하고 구입합니다.

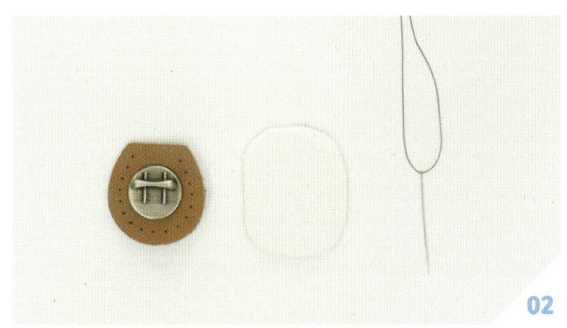

원하는 가죽 부자재를 골랐다면 가죽 부자재와 비슷한 크기로 자른 펠트지와 실, 바늘을 준비합니다.

라탄 가방에 가죽 부자재를 부착할 위치를 정합니다.

펠트지를 가죽 부자재와 맞닿는 가방 내부에 위치시킵니다. 그다음 펠트지에서 바늘을 넣어 환심 사이를 통과해 가죽 부자재의 타공 구멍을 통해 밖으로 빼냅니다.

타공 구멍을 통해 나온 바늘을 바로 옆 타공 구멍으로 넣습니다.

타공 구멍에서 환심 사이를 통과해 안쪽 펠트지로 바늘을 빼냅니다.

04번~06번 과정을 반복하여 가죽 부자재와 펠트지를 연결하며 바느질합니다.

끝까지 바느질했다면 다시 반대 방향으로 바느질해 가죽 부자재의 타공 구멍을 모두 연결합니다. 그다음 가방 안쪽 펠트지에서 실을 매듭지어 자른 후 마무리하면 가죽 부자재 부착하기 완성입니다.

3. 라탄 가방의 손잡이

웨빙끈 손잡이 만들기

3cm 또는 5cm 두께의 웨빙끈과 솜, 웨빙끈과 비슷한 색상의 실과 바늘을 준비합니다.

TIP 사진에선 설명을 위해 웨빙끈과 대비되는 색의 실을 사용했지만 실제로는 비슷한 색상의 실을 사용합니다.

원하는 손잡이의 길이에 8~10cm를 더해 웨빙끈을 재단합니다.

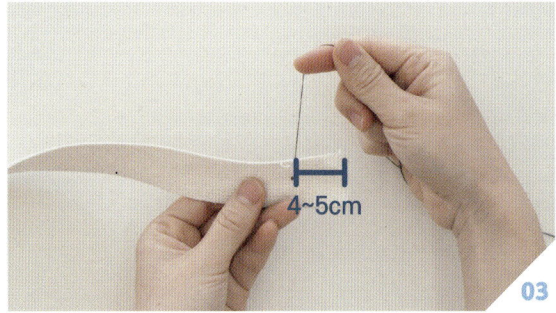

오른쪽에 4~5cm 정도 여유를 두고 웨빙끈 가운데 지점에 바늘을 통과해 매듭을 고정합니다.

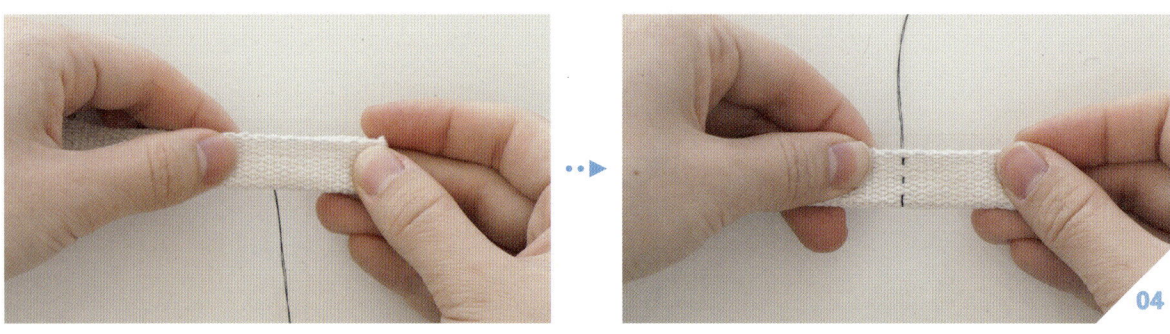

매듭 부분이 안 보이게 웨빙끈을 반으로 접은 후 홈질하여 고정합니다.

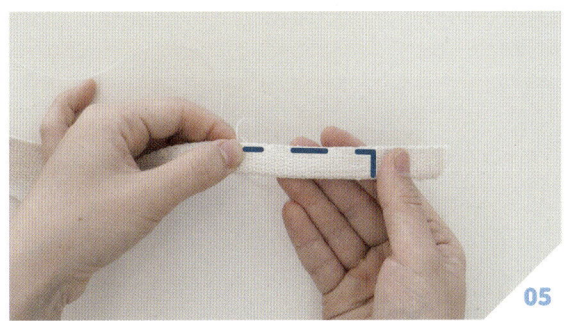

04번 과정에서 고정한 부분부터 왼쪽으로 4cm(점선으로 표시한 구간)의 윗부분을 홈질합니다.

TIP 웨빙끈이 벌어지지 않도록 위쪽을 꼼꼼하게 홈질하여 막아줍니다.

홈질하여 만들어진 공간에 솜을 채워 넣습니다. 핀셋과 같이 끝이 뾰족하고 얇은 도구를 사용하면 솜을 넣기 훨씬 수월합니다.

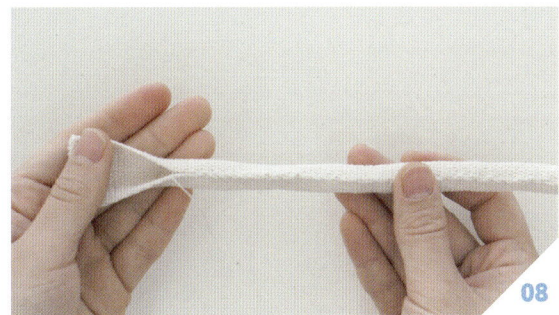

솜을 채웠다면 다시 4cm를 홈질한 후 그 공간에 솜을 채워 넣습니다.

웨빙끈의 왼쪽 끝을 4~5cm 정도만 남기고 모두 홈질하여 솜을 채워 넣습니다.

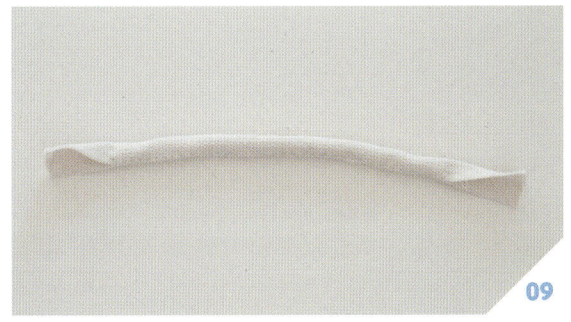

03번~04번 과정을 참고해서 왼쪽 끝을 홈질해 마무리하면 웨빙끈 손잡이 완성입니다.

라탄 가방에 웨빙끈 손잡이를 연결할 때는 사각형으로 표시한 선에 맞춰 바느질해 연결하면 됩니다.

TIP [Part 2. 라탄 가방 기초 : 부자재 사용하기]의 [Chapter 1. 라탄 가방의 안감_라탄에 안감 연결하기(p.77)]를 참고합니다.

피등 손잡이 만들기

• 준비물 : 5mm 또는 7mm 환심, 5mm 피등, 7mm 피등, 2mm 피등(생략가능), 테이프나 빵끈 혹은 고무줄, 목공용 강력접착제

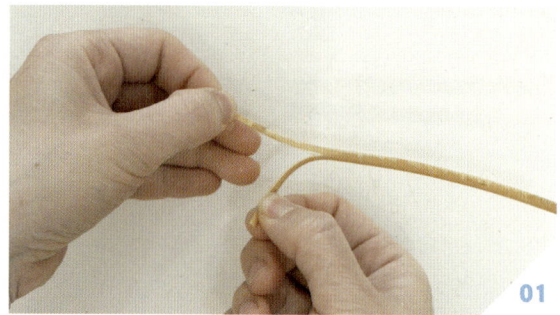

5mm 피등을 반으로 가릅니다.

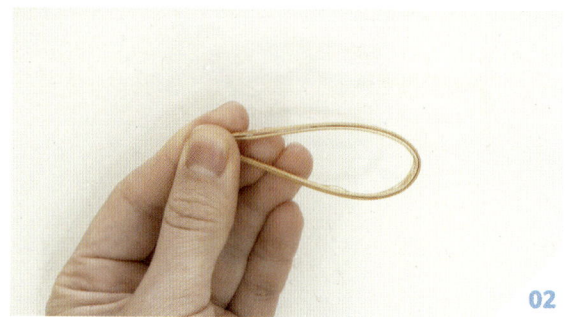

반으로 가른 피등을 10cm 이상으로 잘라 두 개를 겹쳐둡니다.

TIP 피등의 길이가 길수록 더 탄탄한 손잡이가 완성됩니다.

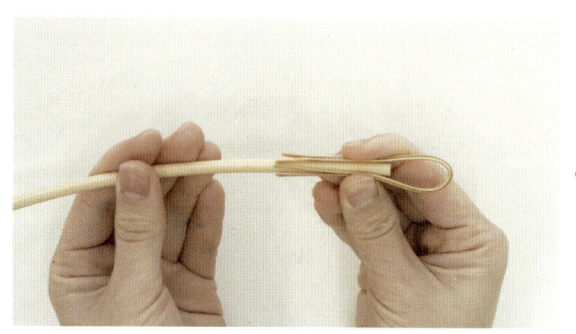 

7mm의 환심 끝에 02번 과정에서 잘라둔 피등을 고리 모양으로 둡니다. 테이프나 빵끈, 고무줄 등으로 환심과 피등을 묶고 안쪽에 목공용 강력접착제를 사용하여 고정시킵니다.

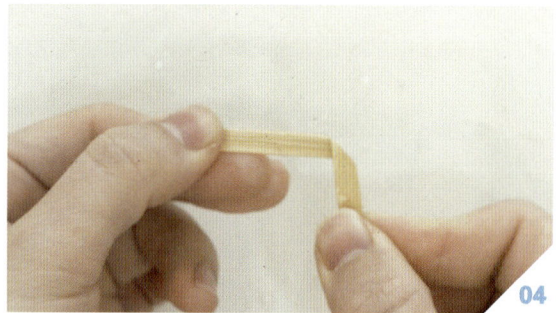

7mm의 피등을 새로 준비한 후 왼쪽을 손가락 두 마디 정도 남기고 아래쪽으로 90° 꺾습니다.

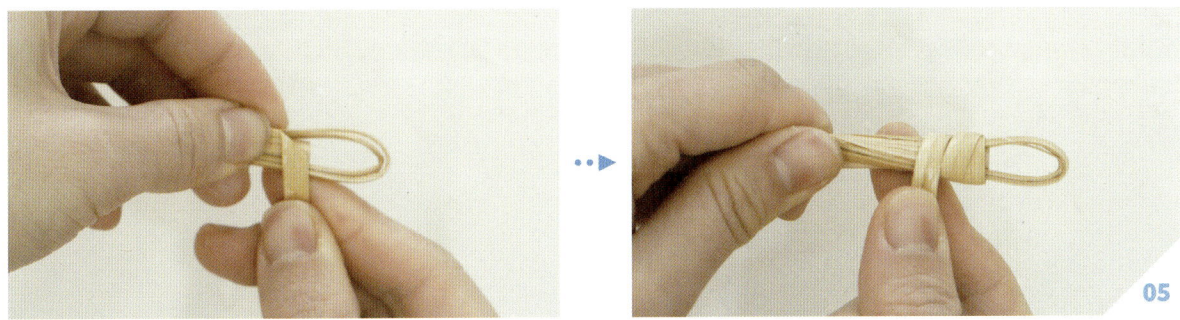

아래로 접은 피등을 **03**번 과정의 7mm 환심의 고리 안쪽 끝부분에 맞춰서 댄 후 꼼꼼하게 감아줍니다.

TIP 피등이 고정되지 않아 감기가 어렵다면 접착제를 사용해 고정시킨 후 작업합니다.

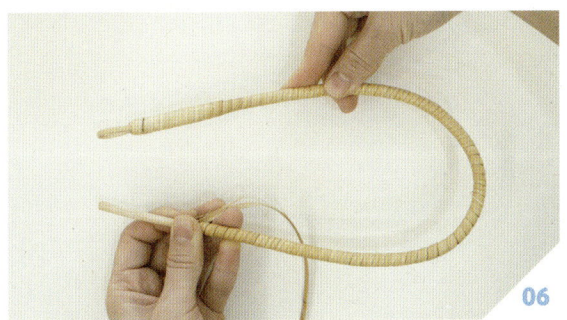

반대편 5cm 정도 지점까지 감아줍니다. 그다음 **01**번~**03**번 과정을 반복하여 고리를 만들고 고정시킵니다.

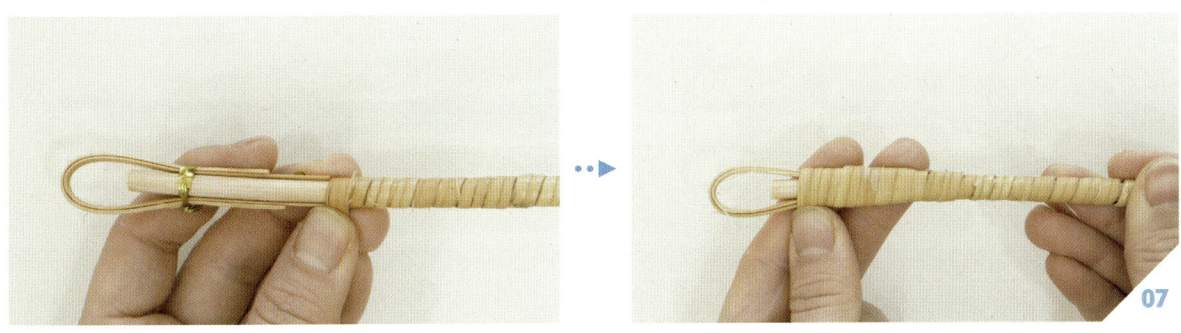

피등을 다시 꼼꼼히 감습니다. 고리를 고정해둔 끈을 덮으면서 끝까지 감아줍니다.

환심이 보이지 않을 때까지 감은 후 피등을 왼쪽에서 90°로 꺾어 아래로 접습니다. 이때 마지막 세 바퀴는 살짝 느슨하게 감습니다.

살짝 느슨하게 만든 곳에 피등의 끝부분을 넣고 아래로 통과시킵니다.

피등을 조여지는 방향으로 당겨 단단히 고정시킨 후 남은 피등을 짧게 자릅니다.

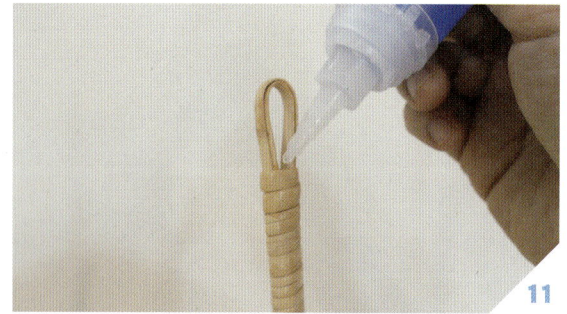

목공용 강력접착제를 사용하여 고정시키면 피등 손잡이 완성입니다. 같은 방법으로 한 개 더 만들어 한 쌍으로 준비합니다.

라탄 가방에 피등 손잡이를 연결합니다. 가방에 손잡이의 위치를 정하고, 2mm 피등 한쪽을 사릿대를 통과해 가방 안으로 넣습니다.

TIP 2mm 피등은 5mm 피등을 반으로 갈라서 사용 가능합니다.

2mm 피등의 다른 한쪽에 **11**번 과정에서 완성한 피등 손잡이의 고리를 걸어준 후 날대를 중간에 두고 사릿대를 통과해 가방 안으로 넣어줍니다.

가방 안에서 한번 매듭지어 고정합니다.

2mm 피등의 양 끝을 다시 가방 밖으로 뺍니다.

밖으로 빼낸 2mm 피등을 피등 손잡이 고리에 한 번 더 통과시킨 후 다시 가방 안으로 넣습니다.

그다음 단단히 고정되도록 매듭지은 후 잘라서 마무리합니다.

반대편도 동일하게 작업하면 됩니다.

우드 손잡이 활용하기

우드 손잡이 2개를 준비합니다.

날대 묶음은 물에 충분히 불린 후 반으로 접어 준비합니다.

사릿대 1개를 끝에서부터 5cm 지점에서 90° 아래로 접은 후 우드 손잡이에 얹습니다.

접은 부분에서부터 오른쪽으로 사릿대를 세 바퀴 감아줍니다.

물에 불려 준비한 날대 묶음 중 하나를 꺼내 고리 모양을 만들어 04번 과정의 사릿대에 걸고 오른쪽으로 세 바퀴 감아줍니다.

다 감았으면 이번에는 손잡이만 한 바퀴를 감아줍니다.

새로운 날대 1개를 준비하여 고리 모양을 만든 후 손잡이에 얹고 사릿대를 걸어줍니다.

오른쪽으로 세 바퀴를 감고 이번에도 손잡이만 따로 한 바퀴 감아줍니다. 같은 방법으로 손잡이를 계속 감아나갑니다.

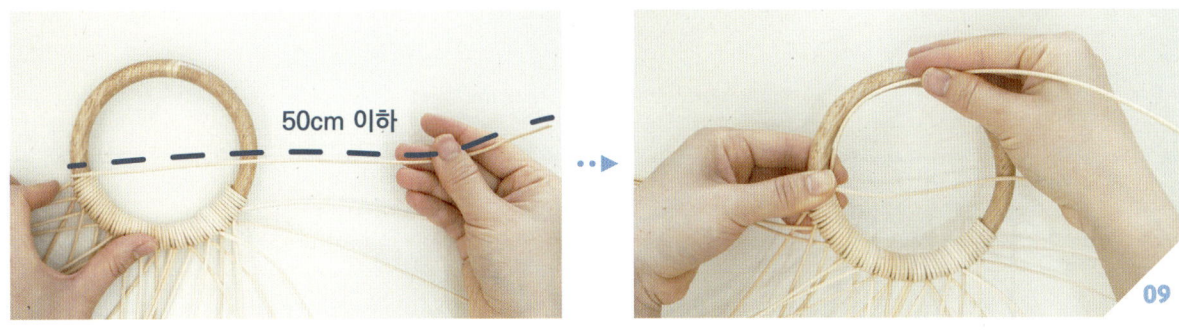

손잡이를 감는 사릿대의 길이가 50cm 이하로 남았을 경우, 새로운 사릿대를 준비하여 손잡이의 안쪽에 진행 방향에 맞춰 둡니다.

기존 사릿대로 손잡이, 날대, 새로운 사릿대를 함께 감으며 손잡이 감기를 계속합니다.

2~3cm 정도 감은 후 기존 사릿대가 5~7cm 정도 남았을 때 기존 사릿대를 꺾어 새로운 사릿대와 나란히 둡니다.

새로운 사릿대로 손잡이 감기를 시작합니다.

TIP 사진은 1cm 이상 감아준 후 잘랐지만 자르지 않고 계속 덮으면서 감아도 됩니다.

날대를 추가하며 원하는 길이만큼 손잡이를 감싸줍니다.

원하는 만큼 손잡이를 감았다면 마무리합니다. 끝에서 세 바퀴를 추가로 감은 후 사릿대를 90° 아래로 꺾어 내립니다.

추가로 감은 세 바퀴를 살짝 느슨하게 만든 후 사릿대를 그 사이로 통과시킵니다.

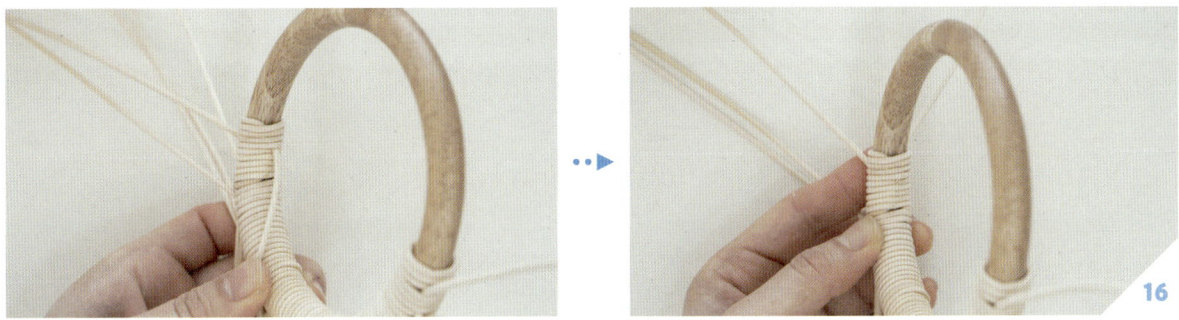

느슨해진 세 바퀴를 조이면서 손잡이에 딱 맞게 감고 사릿대는 아래로 바짝 잡아당긴 후 잘라냅니다.

TIP 마무리 부분이 느슨하다면 손잡이와 엮은 부분 사이에 접착제를 한두 방울 떨어뜨려 풀리지 않도록 고정합니다.

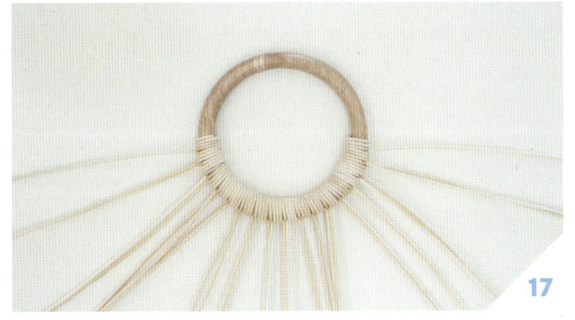

양 끝 날대는 1줄 1조, 가운데 날대는 2줄 1조로 완성된 우드 손잡이 완성입니다.

완성한 우드 손잡이의 날대에 사릿대를 엮어나가면 우드 손잡이 라탄 가방을 만들 수 있습니다.

4. 라탄 가방의 뚜껑

뚜껑 형태의 가방 연결하기

가방 몸통과 뚜껑, 펠트지, 실과 바늘을 준비합니다.
TIP 가방 몸통은 안감 작업을 제외한 모든 작업을 완료한 상태로 준비합니다.

적당한 크기로 자른 펠트지에 바늘을 통과시켜 매듭을 고정합니다.

뚜껑을 부착할 위치에 맞춰 펠트지를 가방 몸통 내부에 위치시킵니다. 그다음 펠트지에 고정한 바늘로 한 땀을 떠 펠트지를 고정합니다. 이때 바늘은 사릿대를 감싸면서 가방 몸통 밖으로 뺐다가 안쪽으로 넣어줍니다.

가방이 완성된 모습을 생각하며 뚜껑을 가방 몸통에 연결할 위치를 잡습니다. 가방 몸통 안에 있던 바늘을 뚜껑 밖에서 안으로 통과시킵니다.
TIP 몸통과 뚜껑을 한 번에 통과시키는 것이 아니라 뚜껑에만 바늘을 통과시키는 것이니 위치를 잘 확인합니다.

이번에는 바늘을 가방 몸통 밖에서 안으로 통과시킵니다.

다시 바늘을 뚜껑 밖에서 안으로 통과시켜 가방 몸통과 뚜껑을 실로 연결합니다.

측면에서 봤을 때 실이 오간 모양이 숫자 8이 되도록 04번~06번 과정을 반복합니다.

다 연결하면 펠트지에서 매듭을 짓고 남은 실을 잘라 마무리합니다.

동일한 방식으로 원하는 위치마다 실로 고정시키면 됩니다.

PART 3
라탄 가방 만들기

- **에코백 리폼 캔버스백**
- **베이직 숄더백**
- **사각 크로스백**
- **다이아몬드백**
- **미니백**
- **탬버린백**
- **카메라백**
- **우드핸들백**
- **반달우드백**

에코백 리폼 캔버스백

무게가 가볍고 수납력이 좋아 데일리백으로 사용하기 좋은 가방입니다.
원하는 무늬와 컬러의 에코백을 활용하면
나만의 개성 있는 가방을 만들 수 있습니다.

준비물

- 2mm 환심(길이 50cm) 23줄
- 사릿대

- 에코백(폭 29~30cm)
- 가위, 실, 바늘

기법

- 쌀 미(米) 자 바닥짜기 [p.36]
- 막엮기 [p.30]
- 세 줄 꼬아엮기 [p.49]
- 세 번 젖혀 마무르기 [p.60]
  or 엮어 마무르기(하-상-하) [p.54]

- 라탄에 안감 연결하기 [p.77]

01 50cm로 재단한 환심 23줄을 5줄, 6줄, 6줄, 6줄씩 나눈 후, 순서대로 겹쳐 쌀 미(米) 자 바닥짜기(p.36)를 합니다. 이때 사릿대는 맨 아래의 5줄 묶음 오른쪽에 두고 반시계 방향으로 총 5바퀴 감아 엮습니다.

02 사릿대를 반대 방향으로 접어 이번에는 시계 방향으로 총 5바퀴 감아 엮습니다.

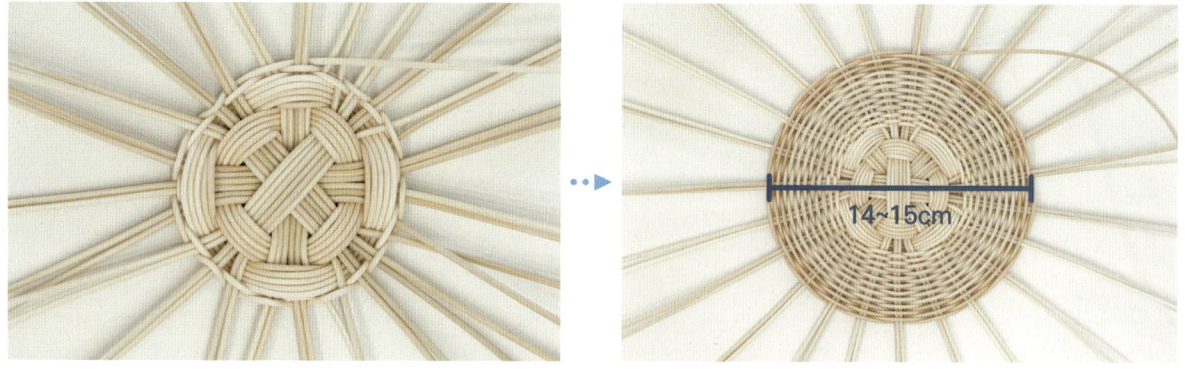

03 날대 2줄을 1조로 나눈 후 막엮기(p.30)를 합니다. 지름이 14~15cm 정도 될만큼 엮습니다.

04 세 줄 꼬아엮기(p.49)로 한 바퀴 엮습니다.

05 날대를 직각으로 꺾어 몸통을 엮습니다.

06 위쪽으로 4~5cm 정도가 될 때까지 막엮기(p.30)를 하며 올라갑니다.

07 2줄 1조의 날대 중 오른쪽 날대를 몸통 높이에 맞게 잘라 모두 1줄 1조로 만듭니다.

08 남은 1줄 1조 날대로 세 번 젖혀 마무르기(p.60) 또는 엮어 마무르기(하-상-하)(p.54)를 하면 라탄 바구니 완성입니다.

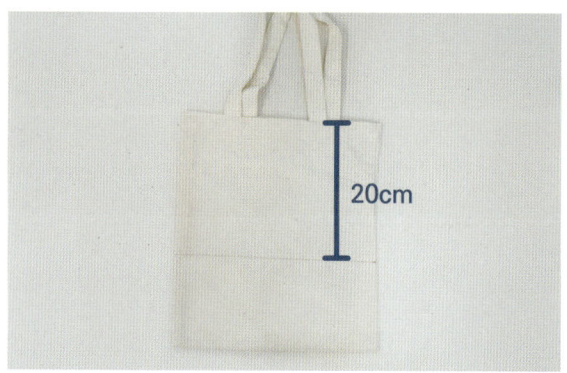

09 라탄 바구니와 연결할 에코백을 준비합니다. 에코백을 펼쳐 위에서부터 20cm 내려온 지점에 직선을 표시한 후 자릅니다.

10 자른 에코백을 뒤집은 후 자른 부분에서부터 위로 1cm 지점에 직선을 그어 가이드 선을 표시합니다.

11 뒤집은 에코백 안에 **08**번 과정에서 만든 라탄 바구니를 넣은 후 에코백의 자른 부분과 라탄 바구니의 끝선을 맞춥니다.

12 에코백에 그어둔 가이드 선을 따라 바느질하여 라탄 바구니와 에코백을 연결(p.77)해 고정합니다.

13 바구니를 아래로 살짝 누르면서 에코백을 뒤집으면 에코백 리폼 캔버스백 완성입니다.

베이직 숄더백

심플한 디자인으로 어떤 스타일의 옷차림에도 잘 어울리는 가방입니다.
넉넉한 사이즈는 물론 2.5mm 환심으로 엮어 탄탄합니다.
어떤 디자인의 스트랩을 활용하느냐에 따라 다른 분위기를 연출할 수 있습니다.

준비물

- 2.5mm 환심(길이 90cm) 8줄
- 2.5mm 환심(길이 70cm) 26줄
- 사릿대

- 가죽 손잡이(1.5cm×70cm) 2개
- 가위, 실, 바늘

기법

- 타원형 바닥짜기 [p.42]
- 막엮기 [p.30]
- 세 줄 꼬아엮기 [p.49]
- 따라엮기 [p.30]
- 세 줄 아래로 꼬아엮기 [p.51]
- 세 번 젖혀 마무르기 [p.60]

- 가죽 부자재 부착하기 [p.79]

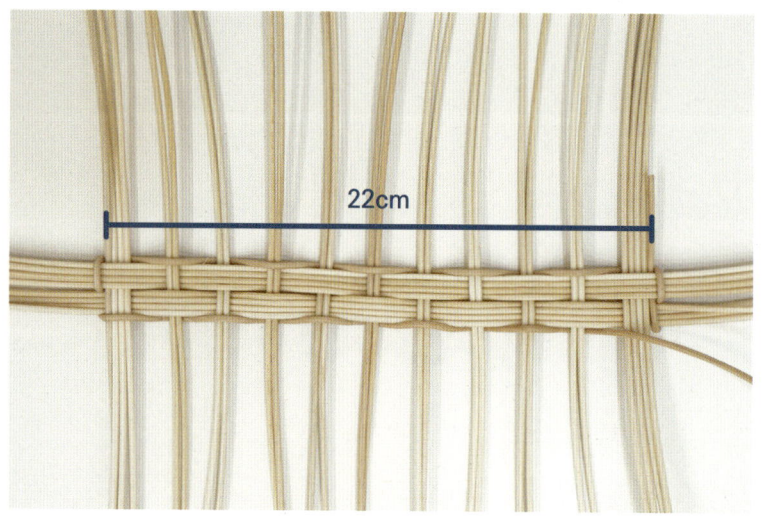

01 가로 날대는 90cm로 재단한 환심 8줄을 4줄씩 1조로 두 묶음을 만들어 나란히 둡니다. 세로 날대는 70cm로 재단한 환심 26줄을 양 끝에 4줄씩 1조로 두 묶음, 가운데에는 2줄씩 1조로 아홉 묶음을 배치한 후 타원형 바닥짜기(p.42)를 합니다. 이때 세로 날대는 22cm 안에 배치하도록 합니다.

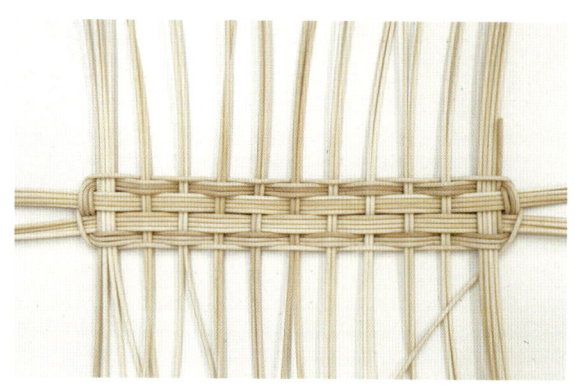

02 사릿대를 가장 오른쪽의 세로 날대 옆에 두고 반시계 방향으로 세 바퀴를 엮은 후, 시계 방향으로 한 바퀴 엮습니다.

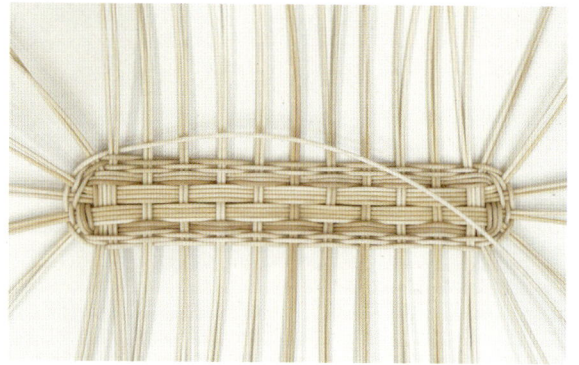

03 가로 날대와 양 끝 세로 날대를 2줄 1조로 나눈 후 막엮기(p.30)로 두 바퀴 엮습니다.

04 사릿대를 추가해 세 줄 꼬아엮기(p.49)로 한 바퀴 엮은 후, 시작점에 왔을 때 가장 길이가 짧은 사릿대 한 줄을 날대 뒤에 걸쳐지도록 자릅니다.

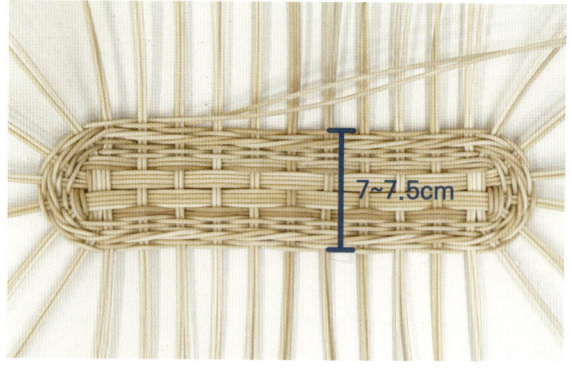

05 남은 두 줄의 사릿대로 따라엮기(p.30)를 하며 세로 길이 7~7.5cm까지 엮습니다.

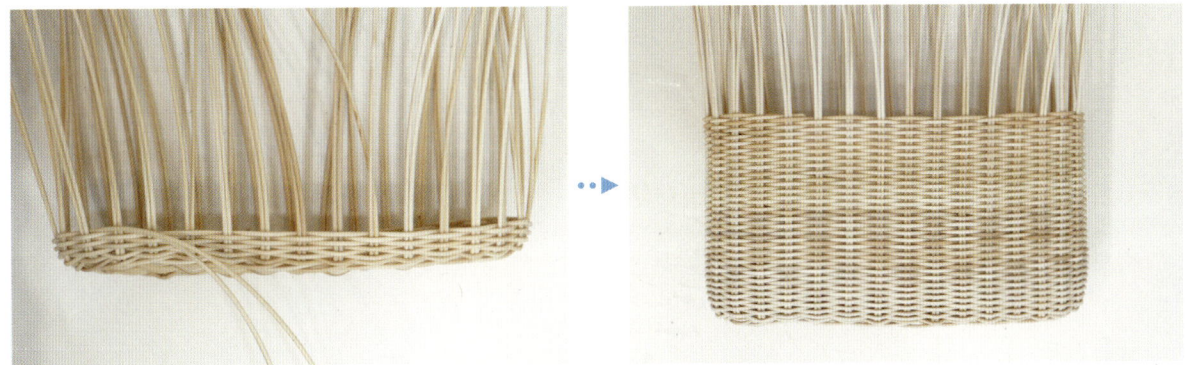

06 날대를 직각으로 꺾은 후, 따라엮기로 원하는 높이까지 엮습니다.

07 세 줄 아래로 꼬아엮기(p.51)로 한 바퀴 엮습니다.

08 2줄 1조의 날대 중 오른쪽 날대를 몸통 높이에 맞게 잘라 모두 1줄 1조로 만듭니다.

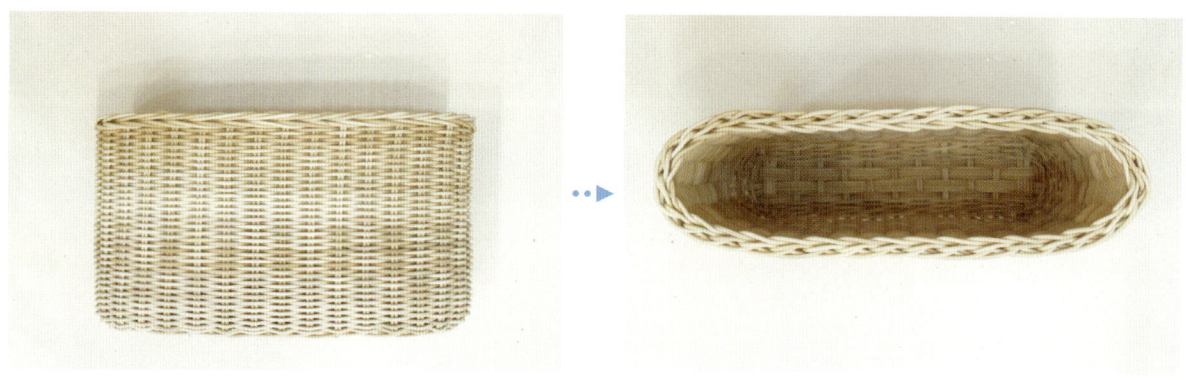

09 남은 1줄 1조 날대로 세 번 젖혀 마무르기(p.60)하여 가방 바디를 완성합니다.

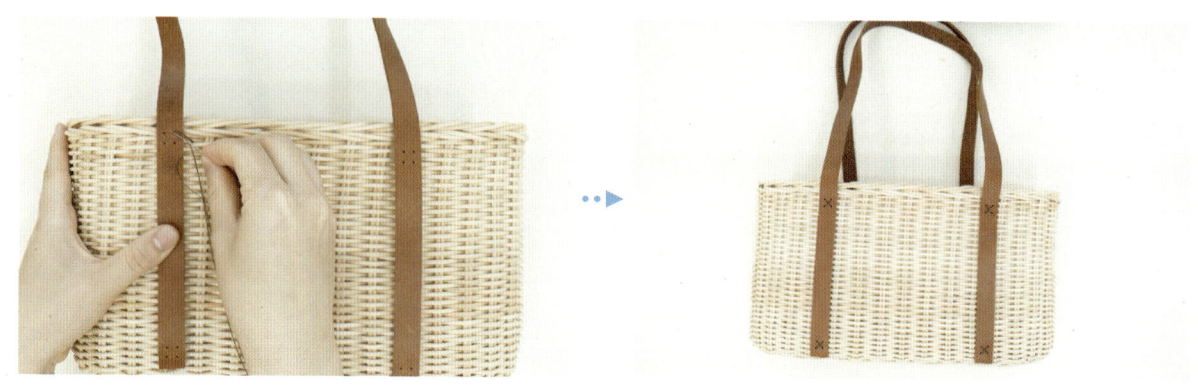

10 09번 과정에서 만든 가방 바디에 가죽 손잡이를 부착(p.79)하면 베이직 숄더백 완성입니다.
   TIP 가죽 손잡이 대신 피등 손잡이를 연결(p.84)해도 됩니다. 손잡이의 스타일에 따라 다른 분위기의 가방을 만들 수 있습니다.

사각 크로스백

전체적으로 각진 모양에 웨빙끈 손잡이가 더해져 유니크한 디자인의 크로스백입니다.
격식 있는 룩이나 캐주얼한 룩에도 잘 어울리고,
간단한 외출이나 여행용 크로스백으로도 활용할 수 있습니다.

준비물

- 2mm 환심(길이 68cm) 18줄
- 사릿대

- 웨빙끈 손잡이(3cm×30cm) 2개
- 가죽D링(폭 1.5cm) 2개
- 크로스백 가죽 스트랩
- 가위, 실, 바늘

기법

- 사각 바닥짜기 [p.44]
- 세 줄 꼬아엮기 [p.49]
- 따라엮기 [p.30]
- 감아 마무르기 [p.62]

- 작품 염색하기 [p.16]
- 작품 마감하기 [p.17]
- 웨빙끈 손잡이 만들기 [p.82]
- 가죽 부자재 부착하기 [p.79]

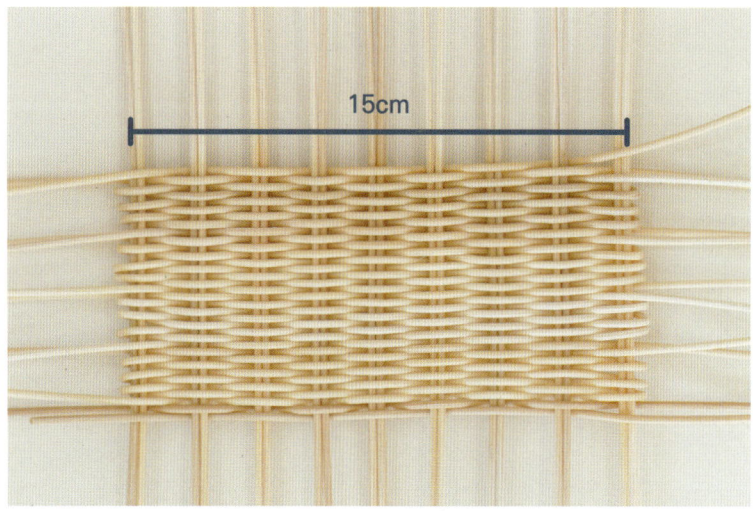

01 68cm로 재단한 2mm 환심 18줄을 15cm 안에 2줄 1조씩 아홉 묶음으로 나눠 세로 날대로 두고, 사릿대는 반 접어 가로 날대를 만든 다음 사각 바닥짜기(p.44)를 합니다. 가로 날대는 양 끝이 5세트가 될 때까지 엮습니다.

02 사릿대를 추가해 세 줄 꼬아엮기(p.49)로 한 바퀴를 엮어 가방 바닥 부분을 마무리합니다.

03 날대를 직각으로 꺾어 올린 후 세 줄 꼬아엮기로 한 바퀴 엮습니다.

04 세 줄 꼬아엮기로 한 바퀴 엮은 후, 시작점에 왔을 때 가장 길이가 짧은 사릿대 한 줄을 날대 뒤에 걸쳐지도록 자릅니다. 그다음 남은 두 줄의 사릿대로 높이가 16cm가 될 때까지 따라엮기(p.30) 하여 가방의 옆면을 만듭니다.

05 세 줄 꼬아엮기(p.49)로 한 바퀴 엮습니다.

06 남은 날대로 감아 마무르기(p.62)를 하여 가방 바디를 완성합니다.

07 가방 바디에 염색(p.16)과 마감 작업(p.17)을 한 후, 웨빙끈 손잡이(p.82)와 가죽D링(p.79)을 부착합니다.

08 가죽D링에 가죽 스트랩을 걸면 사각 크로스백 완성입니다.

다이아몬드백

가운데의 다이아몬드 무늬가 시선을 사로잡고, 전체적으로 조개를 닮은 모양이 매력적인 가방입니다. 바닥은 사각형이지만 곡선이 많아 귀여운 느낌을 줍니다. 가방끈의 길이감과 손잡이의 종류에 따라 다르게 연출할 수 있습니다.

준비물

- 2mm 환심(길이 70cm) 18줄
- 사릿대

- 고무줄
- 피등 손잡이 2개
- 가위

기법

- 사각 바닥짜기 [p.44]
- 세 줄 꼬아엮기 [p.49]
- 따라엮기 [p.30]
- 되돌아엮기 [p.47]
- 세 번 젖혀 마무르기 [p.60]

- 피등 손잡이 만들기 [p.84]

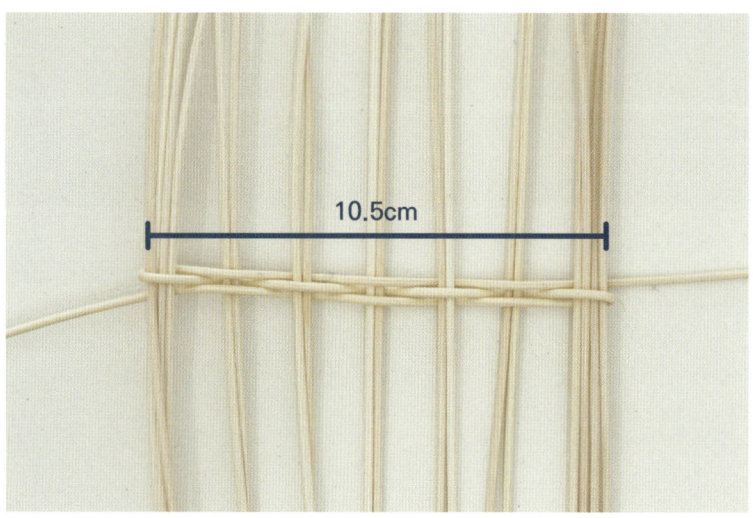

01 70cm로 재단한 2mm 환심 18줄을 4줄 1조씩 두 묶음과 2줄 1조씩 다섯 묶음으로 준비합니다. 그다음 10.5cm 안에서 세로 날대 양 끝에 4줄 1조 두 묶음을 두고 가운데에 2줄 1조 다섯 묶음을 배치한 후 사각 바닥짜기(p.44)를 합니다.

02 가로 날대는 25cm로 만들고 양 끝이 4세트가 될 때까지 엮습니다. 가로 날대는 위에서부터 4, 2, 2, 4줄로 배치합니다.

03 양 끝에 있는 4줄 1조의 세로 날대를 2줄 1조로 나누어 세 줄 꼬아엮기(p.49)로 한 바퀴 엮으며 바닥 부분을 마무리합니다.

04 날대를 직각으로 꺾어 올린 후 세 줄 꼬아엮기로 한 바퀴 엮습니다. 그다음 가장 짧은 사릿대 한 줄을 잘라 두 줄로 만듭니다.

05 세 줄 꼬아엮기를 한 부분을 제외하고 높이가 5cm가 될 때까지 따라엮기(p.30)를 하여 가방의 옆면을 만듭니다. 그다음 중심에 위치한 세로 날대와 반대편 세로 날대에 고무줄 등을 이용하여 중심 날대를 표시합니다.

06 중심 날대에 사릿대 두 줄이 겹쳐지면 두 줄 사릿대 중 윗줄 한 줄을 자릅니다.

07 표시한 중심 날대에 사릿대 세 줄이 겹쳐지게 엮고, 양옆 날대에는 사릿대를 뒤로 보내 따라엮기 형태가 되도록 합니다.

08 이번에는 중심 날대의 양옆 날대에 사릿대 세 줄이 쌓이도록 **07**번 과정과 같은 방법으로 엮습니다.

09 전체적으로 봤을 때 다이아몬드 모양이 나오도록 반복하여 엮습니다.

10 사릿대 한 줄을 추가하여 1.5cm 높이까지 따라엮기(p.30)를 한 다음, 양 끝 세로 날대를 시작점으로 하여 되돌아엮기(p.47)를 세 번 반복하며 곡선을 만듭니다.

11 따라엮기(p.30)를 한 바퀴 한 후 **10**번의 과정을 한 번 더 반복합니다.

12 세 줄 꼬아엮기(p.49)로 한 바퀴 엮습니다.

13 2줄 1조의 날대 중 오른쪽 날대를 몸통 높이에 맞게 잘라 모두 1줄 1조로 만듭니다.

14 남은 1줄 1조 날대로 세 번 젖혀 마무르기(p.60)를 하여 가방 바디를 완성합니다.

15 가방 바디에 피등 손잡이(p.84)를 연결하면 다이아몬드백 완성입니다.

미니백

작은 사이즈로 어디든 가볍게 들고 다닐 수 있는 미니백입니다.
지갑이나 핸드폰, 간단한 화장품을 넣기에 아주 좋아요.
부담스럽지 않은 크기라 집 앞에 마실 나갈 때마다 들고 다니면 딱입니다.

준비물

- 2mm 환심(길이 65cm) 28줄
- 사릿대

- 가죽 잠금 장식(2cm×14cm) 1세트
- 가죽D링(폭 1.5cm) 2개
- 가죽 스트랩(1cm×40cm)
- 가위, 실, 바늘

기법

- 사각 바닥짜기 [p.44]
- 세 줄 꼬아엮기 [p.49]
- 따라엮기 [p.30]
- 되돌아엮기 [p.47]
- 세 번 젖혀 마무르기 [p.60]

- 가죽 부자재 부착하기 [p.79]

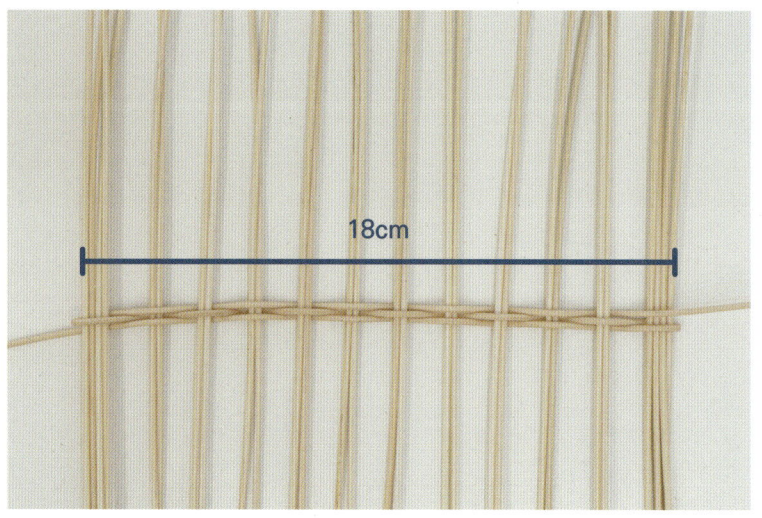

01 65cm로 재단한 2mm 환심 28줄을 4줄 1조씩 두 묶음과 2줄 1조씩 열 묶음으로 준비합니다. 그 다음 18cm 안에서 세로 날대 양 끝에 4줄 1조 두 묶음을 두고 가운데에 2줄 1조 열 묶음을 배치한 후 사각 바닥짜기(p.44)를 합니다.

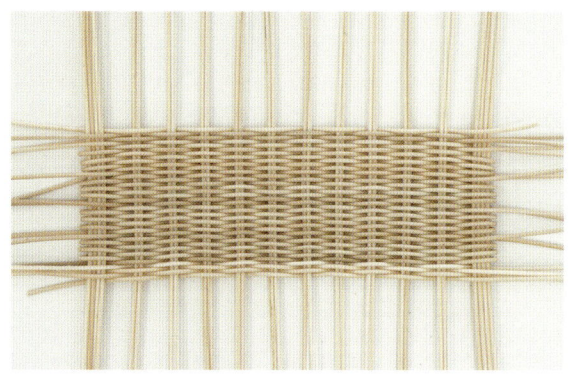

02 가로 날대 길이는 25cm로 만들고 양 끝이 5세트가 될 때까지 엮습니다.

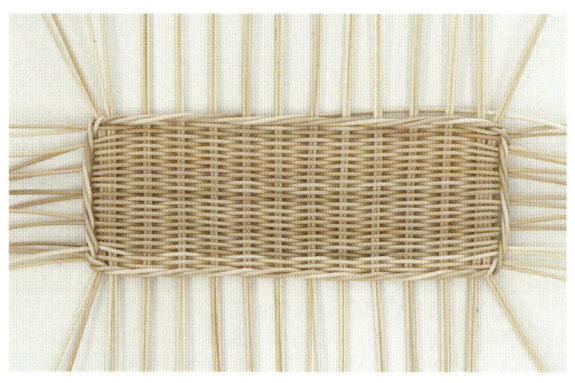

03 양 끝에 있는 4줄 1조의 세로 날대를 2줄 1조로 나누어 세 줄 꼬아엮기(p.49)로 한 바퀴 엮습니다.

04 날대를 직각으로 꺾은 후 따라엮기(p.30)로 몸통을 8cm 높이까지 엮습니다.

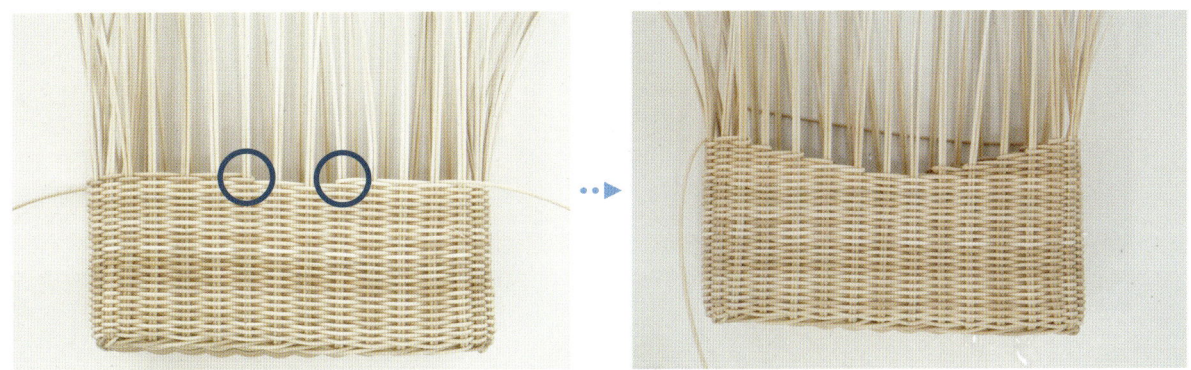

05 세로 날대 중 가운데 두 묶음의 양옆 날대를 기준으로 되돌아엮기(p.47)를 일곱 번 반복합니다.

06 따라엮기(p.30)를 한 바퀴 한 후, 세 줄 꼬아엮기(p.49)로 한 바퀴 더 엮습니다.

07 2줄 1조의 날대 중 오른쪽 날대를 모두 몸통 높이에 맞게 잘라 1줄 1조로 만듭니다.

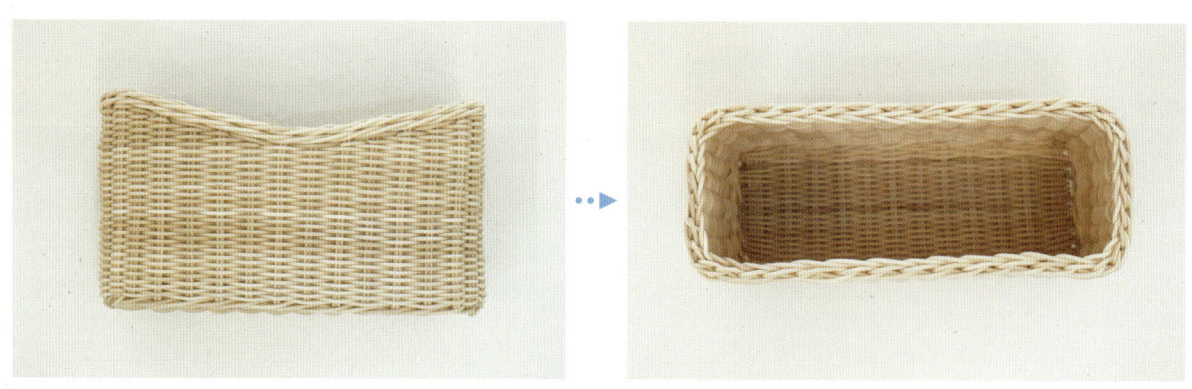

08 남은 1줄 1조 날대로 세 번 젖혀 마무르기(p.60)하면 가방 바디 완성입니다.

09 가방 바디에 가죽 부자재를 부착(p.79)하면 미니백 완성입니다.

탬버린백

타원형의 탬버린백입니다.
탬버린백은 원형이 익숙하지만, 타원형으로 만들어도 매력적입니다.
휴가지에서 더욱 돋보이는 탬버린백을 만들어보겠습니다.

준비물

[탬버린백 바디]
- 2mm 환심(길이 45cm) 10줄
- 2mm 환심(길이 55cm) 8줄
- 사릿대

[탬버린백 뚜껑]
- 2mm 환심(길이 30cm) 10줄
- 2mm 환심(길이 40cm) 8줄
- 사릿대

- 안감
- 가죽 스트랩(1.8cm×65~120cm)
- 스냅 버클(5.7cm×15cm) 1세트
- 가죽D링(폭 2.8cm) 2개
- 가위, 실, 바늘
- 줄자

기법

- 타원형 바닥짜기 [p.42]
- 따라엮기 [p.30]
- 되돌아엮기 [p.47]
- 두 줄 꼬아엮기 [p.48]
- 세 줄 꼬아엮기 [p.49]
- 세 번 젖혀 마무르기 [p.60]
- 감아 마무르기 [p.62]

- 작품 염색하기 [p.16]
- 작품 마감하기 [p.17]
- 뚜껑 형태의 가방 연결하기 [p.92]
- 가죽 부자재 부착하기 [p.79]
- 라탄에 안감 연결하기 [p.77]

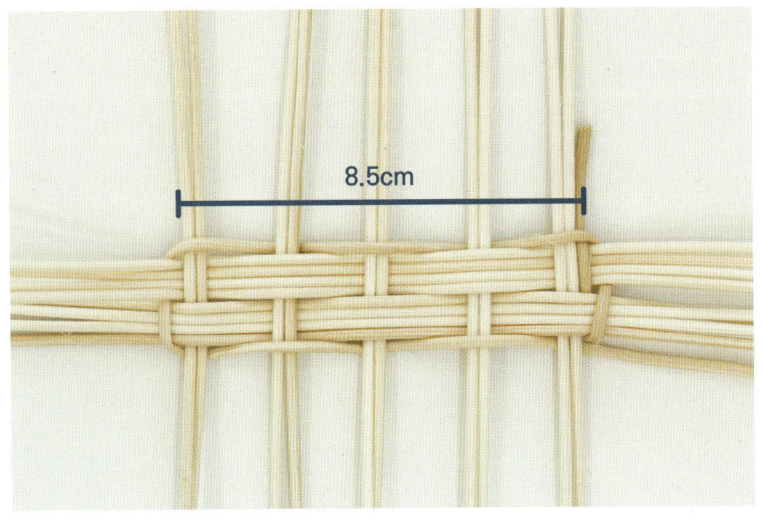

01 탬버린백 바디를 만듭니다. 가로 날대는 55cm로 재단한 2mm 환심 8줄을 4줄씩 두 묶음으로 나누어 나란히 둡니다. 세로 날대는 45cm로 재단한 2mm 환심 10줄을 8.5cm 안에 2줄씩 다섯 묶음으로 배치한 후 타원형 바닥짜기(p.42)를 합니다.

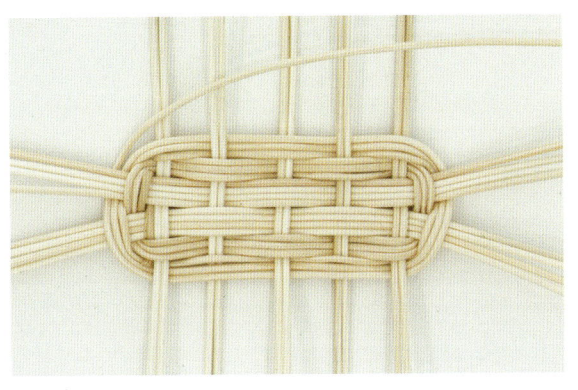

02 반시계 방향으로 세 바퀴를 감아 엮은 후, 시계 방향으로 세 바퀴 감아 엮습니다.

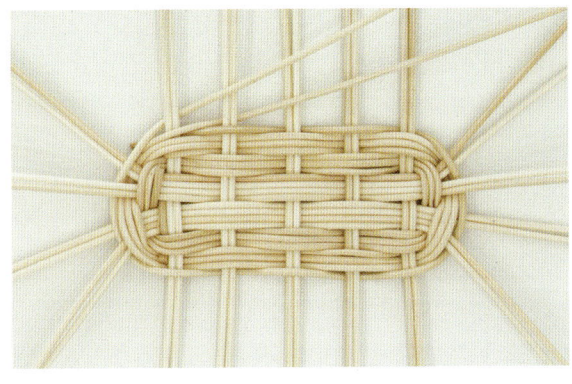

03 사릿대를 한 줄 더 추가하여 따라엮기(p.30)로 가로 날대 4줄 1조를 2줄 1조로 나누며 한 바퀴 엮습니다.

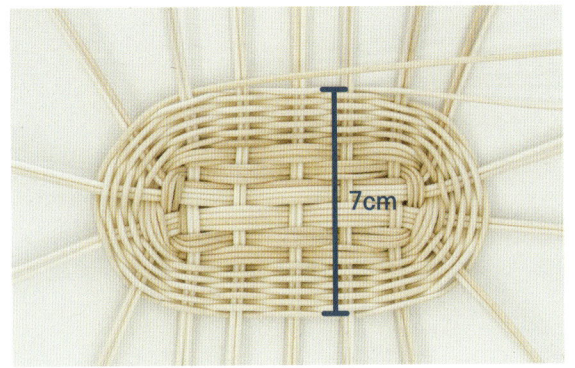

04 세로 길이가 7cm 정도 될 때까지 따라엮기를 하며 바닥을 넓혀갑니다.

05 가로 날대 2줄 1조 여덟 묶음에 각각 덧날대를 2줄씩 추가하여 4줄 1조 여덟 묶음으로 만듭니다.

06 따라엮기로 가로 날대 4줄 1조를 다시 2줄 1조로 나누며 한 바퀴 엮습니다.

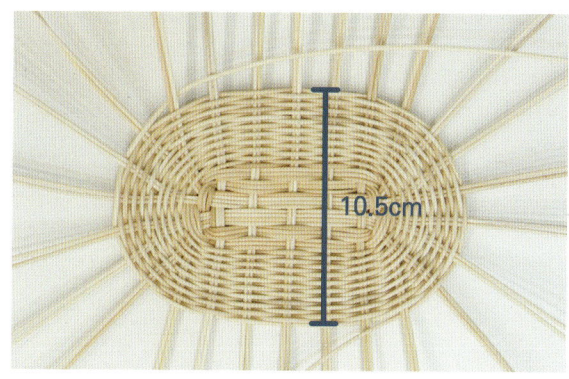

07 세로 길이가 10.5cm 정도 될 때까지 따라엮기를 하며 바닥을 넓혀갑니다.

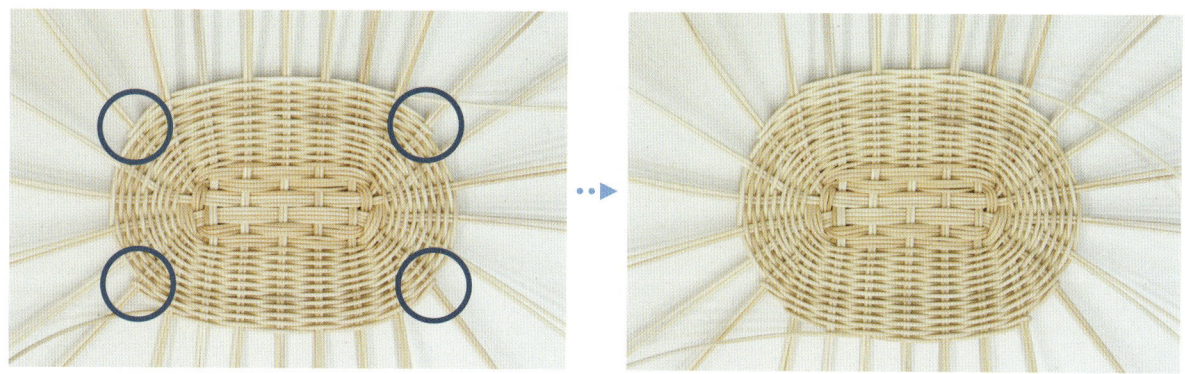

08 사진에 표시한 날대를 기준으로 위, 아래 모두 되돌아엮기(p.47)를 하여 곡선을 만듭니다.

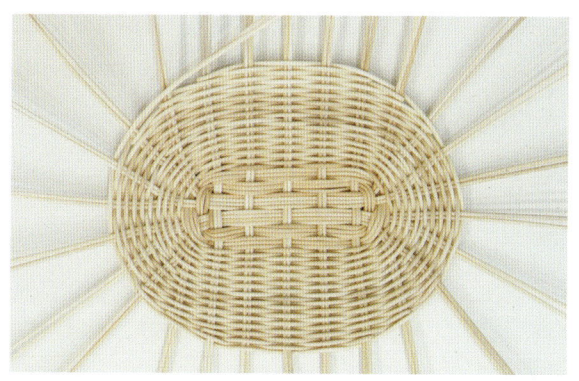

09 따라엮기(p.30)로 한 바퀴 엮습니다.

10 두 줄 꼬아엮기(p.48)로 한 바퀴 엮습니다.

11 날대를 직각으로 꺾어 올려 세 줄 꼬아엮기(p.49)를 합니다.

12 위쪽으로 4cm 정도 따라엮기(p.30)를 하며 몸통을 엮어 올라갑니다.

13 세 줄 꼬아엮기(p.49)로 한 바퀴 엮습니다.

14 2줄 1조의 날대 중 오른쪽 날대를 몸통 높이에 맞게 잘라 모두 1줄 1조로 만듭니다.

15 남은 1줄 1조 날대로 세 번 젖혀 마무르기(p.60)하면 탬버린백 바디 완성입니다.

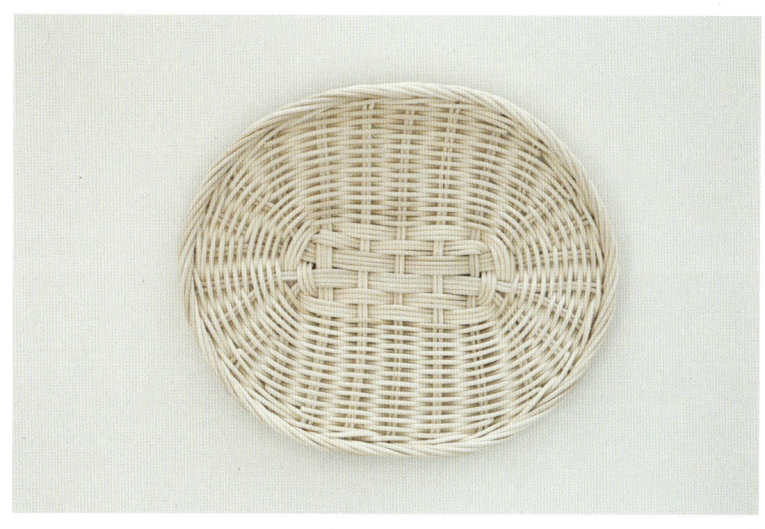

16 탬버린백 뚜껑은 30cm와 40cm로 재단한 2mm 환심을 사용합니다. **01번~10번** 과정을 반복한 후 감아 마무르기(p.62)하면 탬버린백 뚜껑 완성입니다.

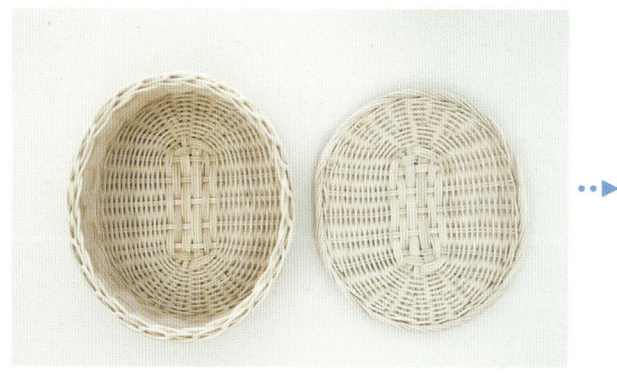 

17 탬버린백 바디와 뚜껑을 조금 더 진한 색으로 염색(p.16)하고 마감(p.17)합니다. 그 후 탬버린백 바디와 뚜껑을 연결(p.92)하고 가죽 부자재를 부착(p.79)합니다.

18 탬버린백에 안감을 연결합니다. 뚜껑의 가로와 세로 길이를 측정합니다.

19 측정한 길이를 토대로 뚜껑과 같은 크기와 모양으로 안감을 2장 재단합니다. 이때 안감 원단의 시접선은 1cm로 합니다.

20 탬버린백 바디의 안쪽 둘레와 높이를 측정합니다.

21 측정한 둘레와 높이의 길이만큼 직사각형으로 안감을 재단합니다. 이때 시접선은 1cm로 합니다.

22 재단한 직사각형 안감 위쪽을 시접선대로 접어 홈질합니다.

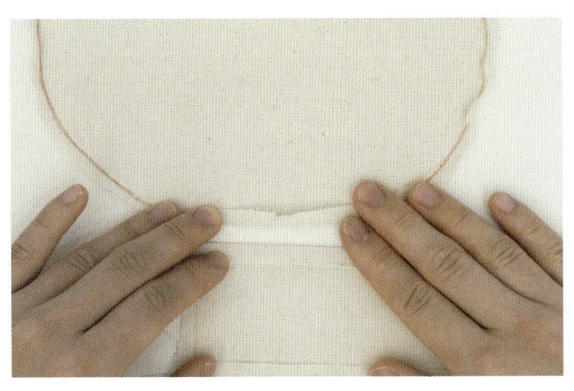

23 타원형 안감과 직사각형 안감의 아래쪽을 시접선대로 접습니다. 이때 타원형 안감의 곡선은 시접 부분에 가위집을 내 잘 접히도록 합니다.

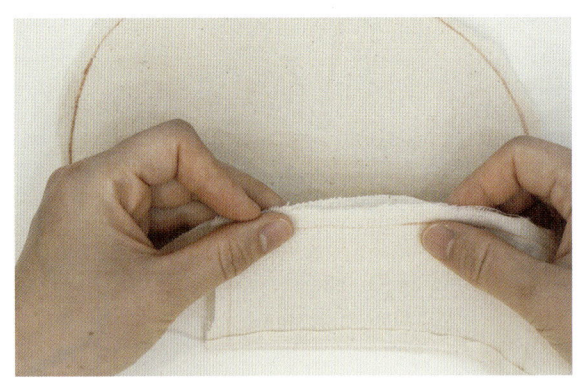

24 타원형 안감과 직사각형 안감의 접은 부분끼리 겹칩니다.

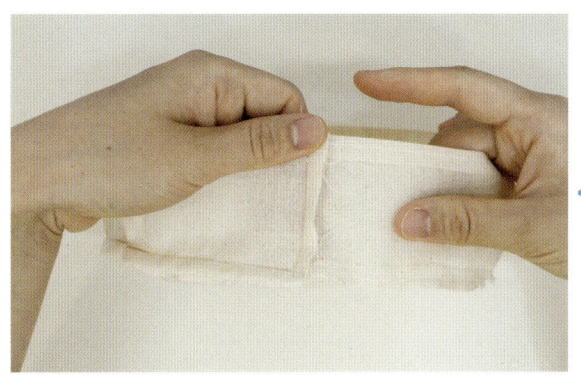 

25 타원형 안감과 직사각형 안감을 원통 모양이 되도록 시접선을 따라 바느질합니다. 직사각형의 안감이 만나는 지점도 시접선끼리 바느질합니다.

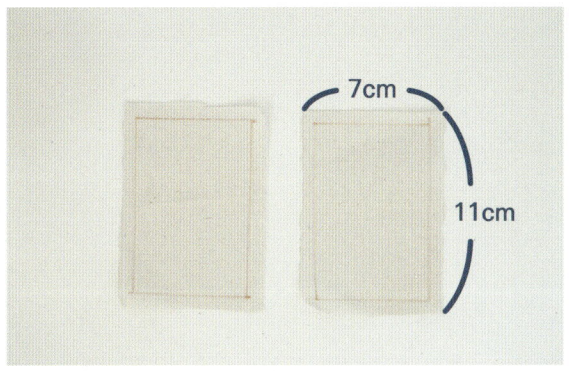 

26 가로 7cm와 세로 11cm 크기의 직사각형 안감을 2장 재단합니다. 이때 시접선은 1cm로 합니다.

27 1cm 시접선대로 접어 모두 바느질한 후, 사진처럼 가운데 지점과 양 끝 지점을 선으로 이어 V자 모양을 표시합니다.

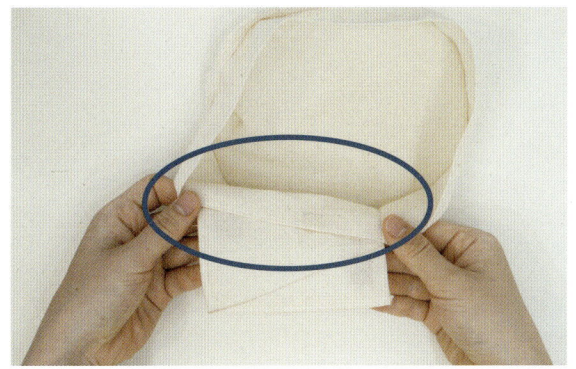 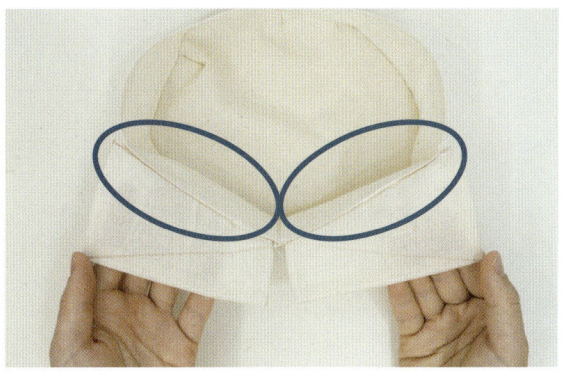

28 바디 안감의 가운데 지점에 V 라인을 겹치게 둡니다.

29 두 장 다 같은 방식으로 겹친 후 바느질하여 고정합니다.

30 탬버린백 바디에 **29**번 과정에서 만든 바디 안감을 넣고 바느질해 연결(p.77)합니다.

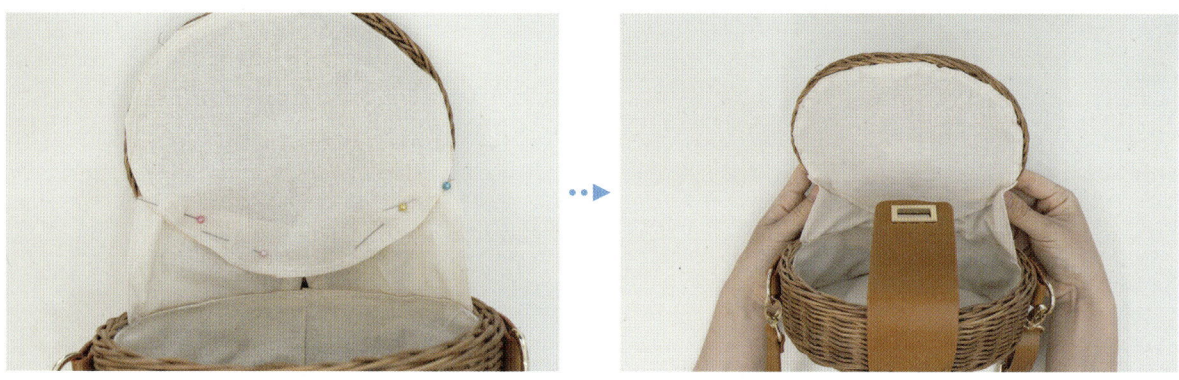

31 **19**번 과정에서 재단해 두었던 나머지 타원형 안감을 가져와 곡선의 시접 부분에 가위집을 낸 후 시접선대로 접습니다. 그다음 직사각형 안감의 나머지 V 라인에 맞춰 고정한 후 뚜껑 전체를 바느질해 연결합니다.

32 안감이 부착된 탬버린백 완성입니다.

카메라백

네모난 바디에 동그란 렌즈까지 완벽하게 따라 만든 카메라백입니다.
척 보기에도 앙증맞은 모습에 어디를 가나 시선 집중!
평범한 의상에도 카메라백만 있으면 귀여운 포인트를 살릴 수 있습니다.

준비물

[카메라백 바디]
- 2.5mm 환심(길이 60cm) 16줄
- 사릿대

[카메라백 뚜껑]
- 2.5mm 환심(길이 32cm) 16줄
- 사릿대

[원형렌즈]
- 2mm 환심(길이 30cm) 9줄
- 사릿대

- 송곳
- 자석 사시꼬미(3.5cm×12cm)
- 가죽D링(폭 1.5cm)
- 크로스끈
- 안감
- 가위, 실, 바늘

기법

- 사각 바닥짜기 [p.44]
- 세 줄 꼬아엮기 [p.49]
- 따라엮기 [p.30]
- 감아 마무르기 [p.62]
- 십(十) 자 바닥짜기 [p.32]
- 나선엮기 [p.41]
- 막엮기 [p.30]

- 뚜껑 형태의 가방 연결하기 [p.92]
- 작품 마감하기 [p.17]
- 가죽 부자재 부착하기 [p.79]
- 라탄에 안감 연결하기 [p.77]

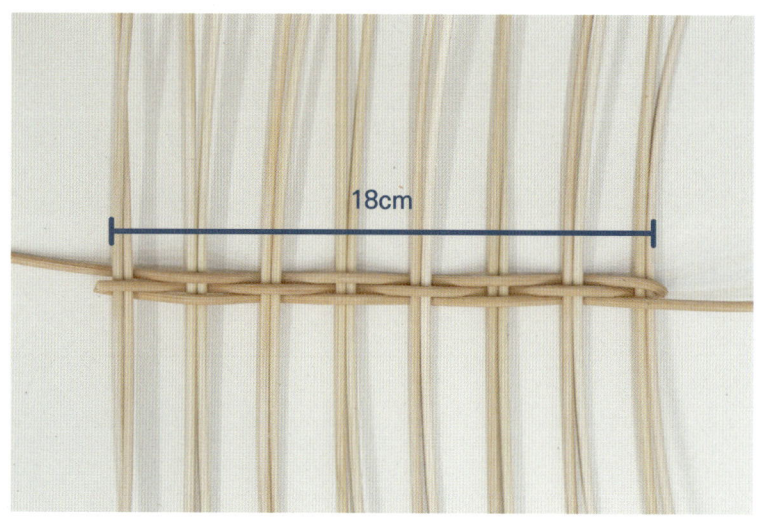

01 카메라백 바디를 만듭니다. 60cm로 재단한 2.5mm 환심 16줄을 2줄 1조씩 여덟 묶음으로 준비한 다음, 18cm 안에 배치하여 사각 바닥짜기(p.44)를 합니다.

02 가로 날대의 길이는 25cm가 되도록 만들고, 양 끝이 4세트가 될 때까지 엮습니다.

03 세 줄 꼬아엮기(p.49)로 한 바퀴 엮습니다.

04 날대를 직각으로 꺾어 올린 후 세 줄 꼬아엮기로 한 바퀴 엮습니다.

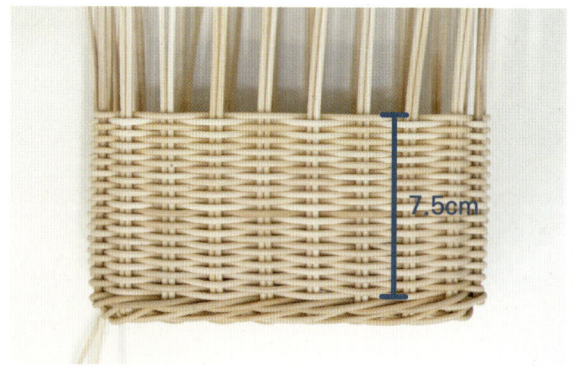

05 두 줄로 따라엮기를 하기 위해 사릿대 한 줄을 자른 후 높이가 7.5cm가 될 때까지 따라엮기(p.30)를 하여 가방의 옆면을 만듭니다.

06 세 줄 꼬아엮기(p.49)로 두 바퀴 엮습니다.

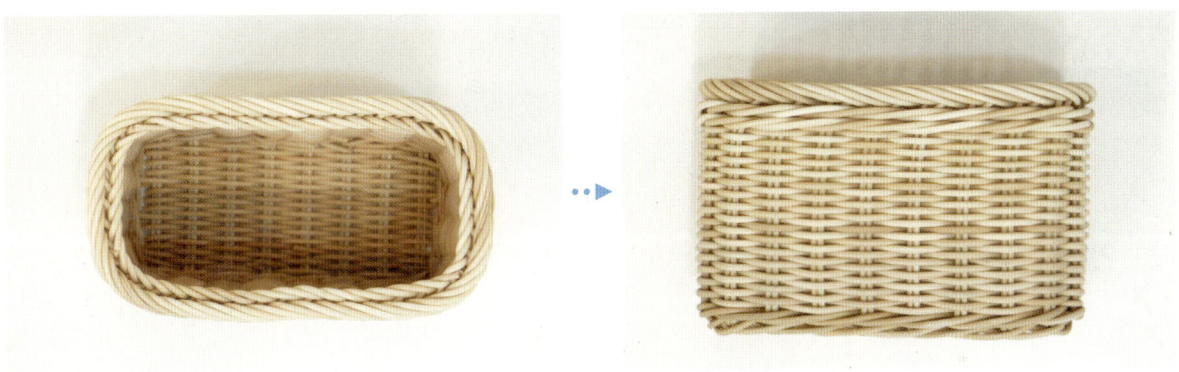

07 감아 마무르기(p.62)하면 카메라백 바디 완성입니다.

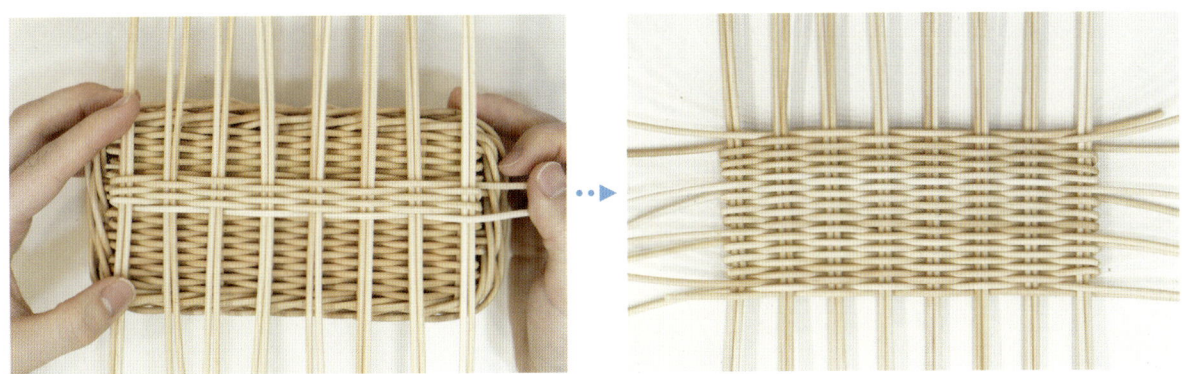

08 카메라백 뚜껑을 만듭니다. 32cm로 재단한 2.5mm 환심 16줄을 준비합니다. 01번~02번의 과정을 반복하여 가방 바디와 같은 사이즈로 사각 바닥짜기(p.44)를 합니다.

09 세 줄 꼬아엮기(p.49)로 한 바퀴 엮습니다.

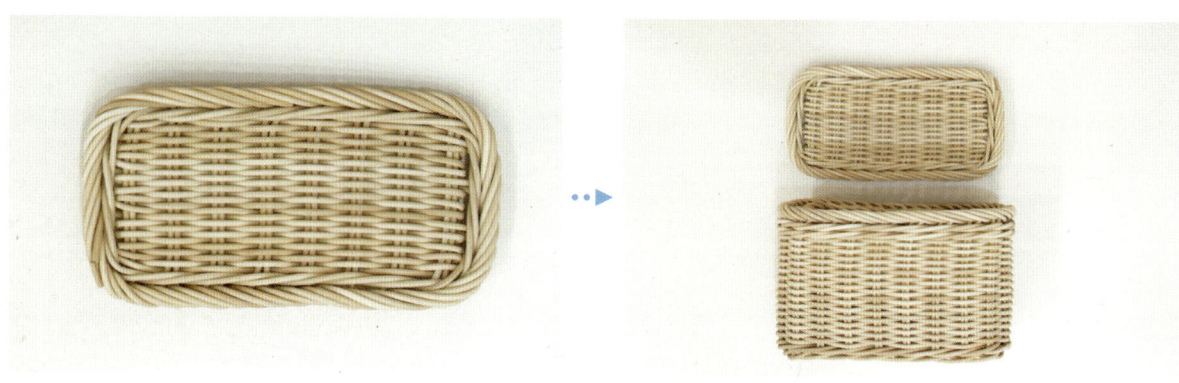

10 감아 마무르기(p.62)하면 카메라백 뚜껑 완성입니다.

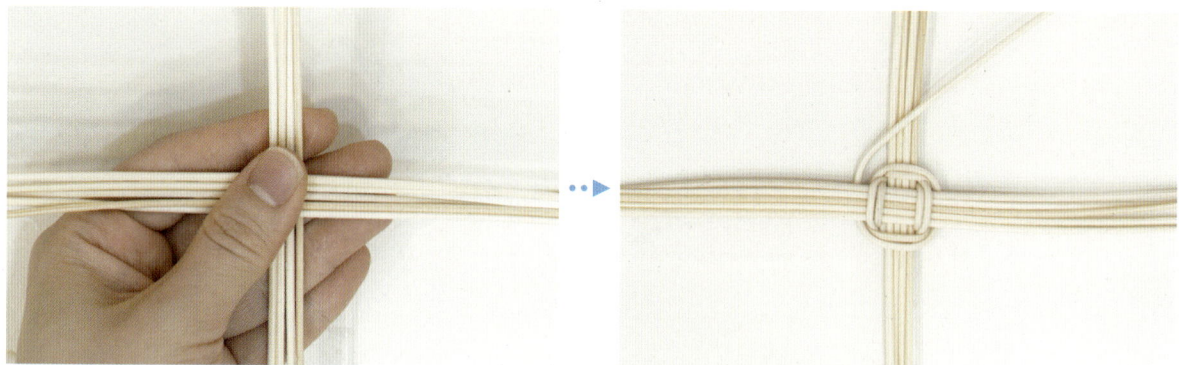

11 원형렌즈를 만듭니다. 30cm로 재단한 2mm 환심 9줄을 4줄 1조와 5줄 1조로 나누어 십(十) 자 바닥짜기 (p.32)를 합니다.

12 나선엮기(p.41)로 지름이 7.5cm가 될 때까지 엮습니다.

13 날대를 직각으로 꺾은 후 위쪽으로 2cm가 될 때까지 막엮기(p.30)를 하며 올라갑니다.

14 날대를 4줄만 남겨두고 몸통 높이에 맞게 모두 자릅니다.

15 카메라백 바디에 원형 렌즈를 둘 위치를 정합니다.

16 원형 렌즈의 날대 4줄을 카메라백 바디 안으로 넣어 바디와 원형 렌즈를 연결합니다.

17 원형 렌즈의 날대 하나를 송곳을 사용해 가방 바디 밖으로 뺍니다. 이때 날대가 가방 바디 가로 날대에 걸려 고정되도록 합니다.

18 밖으로 뺀 날대를 다시 바디 안으로 넣은 후 안쪽에서 잘라 정리합니다.

19 원형 렌즈의 나머지 세 날대도 **17**번~**18**번과 같은 방법으로 고정합니다.

20 카메라백 바디와 뚜껑을 연결(p.92)합니다.

21 마감 작업(p.17)을 한 후 가죽 부자재를 부착(p.79)합니다.

22 가방 바디와 뚜껑 안에 안감을 연결(p.77)하면 카메라백 완성입니다.

우드 핸들백

두 가지 면을 합쳐놓은 것처럼 보이는 우드핸들백입니다.
라탄백 중에서도 흔하지 않은 디자인이라 더욱 눈길이 갑니다.
사각형이지만 각지지 않은 느낌이라 어느 룩에도 잘 어울린답니다.

준비물

- 반달 우드 손잡이
  (내경 9cm, 외경 11cm) 2개

- 2mm 환심(길이 50cm) 10줄
- 사릿대

기법

- 우드 손잡이 활용하기 [p.88]

- 막엮기 [p.30]
- 되돌아엮기 [p.47]
- 사각 바닥짜기 [p.44]

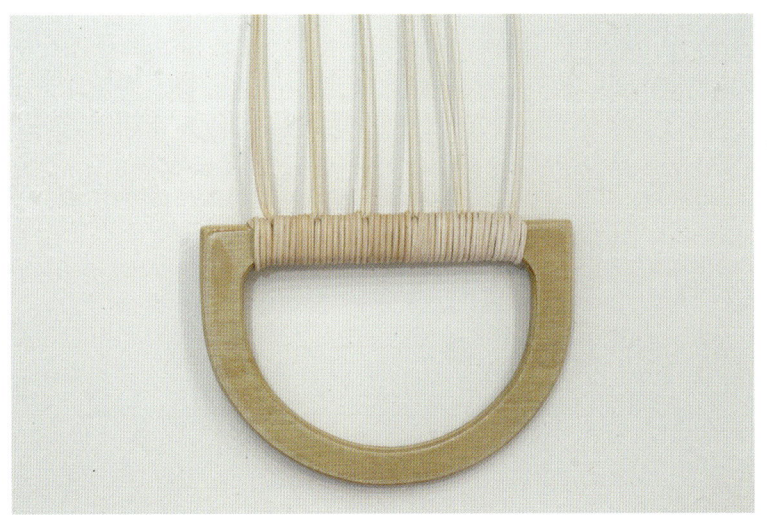

01 50cm로 재단한 2mm 환심 5줄을 사용하여 반달 모양의 우드 손잡이 폭 만큼 날대를 만듭니다(p.88). 이때 양 끝 날대는 1줄 1조가 됩니다.

02 사릿대 하나를 오른쪽 날대부터 걸어 막엮기(p.30)로 한 바퀴 엮습니다.

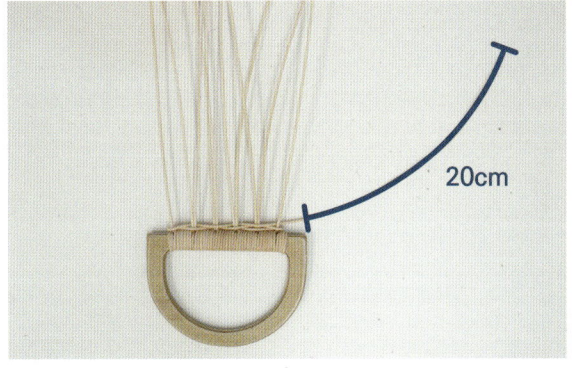

03 양 끝 날대에서 되돌아엮기(p.47)를 하며 사각바닥짜기(p.44)를 합니다. 이때 가로 날대는 20cm를 남깁니다.

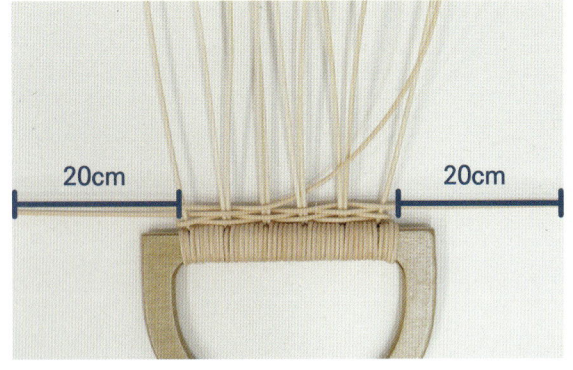

04 양쪽 가로 날대를 20cm가 되도록 한 후, 사각바닥짜기와 동일한 방법으로 되돌아엮기(p.47) 3회와 가로 날대 만들기를 한 세트로 합니다.

05 양 끝의 세로 날대에 덧날대를 한 개씩 추가하여 2줄 1조가 되도록 합니다.

06 양 끝 날대에서 되돌아엮기(p.47)로 바닥짜기를 합니다. 가로 날대는 양쪽 12세트씩 만들어 줍니다.

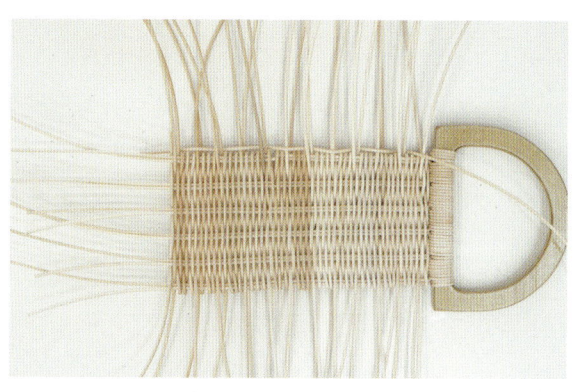

07 우드 손잡이를 사진과 같은 방향으로 두고 왼쪽의 세로 날대에 사릿대를 넣어 오른쪽 방향으로 막엮기(p.30)를 합니다.

08 오른쪽 마지막 날대에서 사릿대를 왼쪽 방향으로 접어 되돌아엮기(p.47)를 합니다.

09 사각 바닥짜기(p.44)로 면을 채웁니다. 우드 손잡이를 기준으로 오른쪽은 가로 날대를 만들지 않고, 왼쪽은 가로 날대를 만듭니다. 가로 날대는 12cm로 3세트 만듭니다.

10 07~09번 과정을 반복하여 우드 손잡이를 기준으로 오른쪽도 같은 모양으로 엮습니다.

11 01번~10번의 과정을 반복하여 우드 손잡이가 연결된 라탄 가방 총 두 개의 면을 만듭니다.

12 두 가방 면의 왼쪽 가로 날대의 길이를 8cm로 자릅니다. 8cm로 자른 상황에서 우드 손잡이 A는 두 날대 중 윗날대를, 우드 손잡이 B는 아래 날대를 모두 왼쪽에서 1.5cm 정도 되는 지점에서 일정하게 자릅니다.

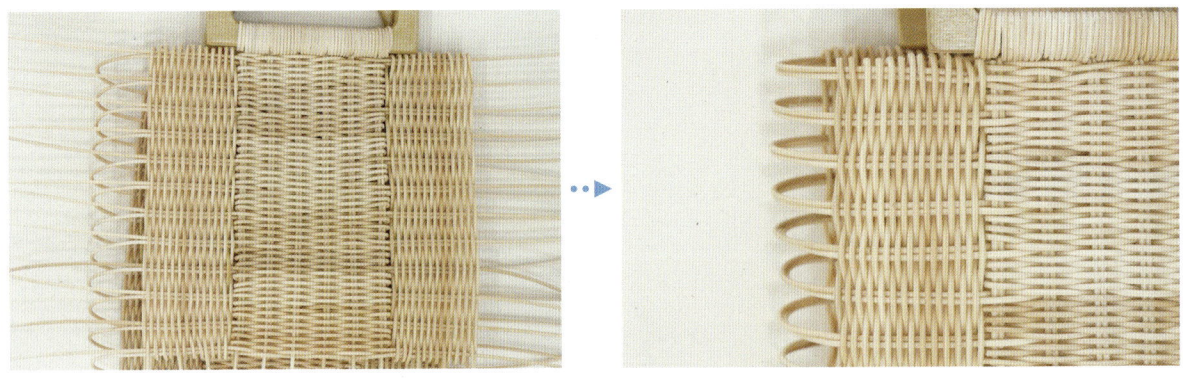

13 우드 손잡이 A와 B의 날대가 서로 겹쳐지도록 한 후, 12번 과정에서 자른 부분에 서로의 날대를 끼워 넣습니다.

14 12번~13번 과정을 참고해 사진에서 표시한 세 구간 모두 같은 방법으로 날대를 끼워 연결합니다.

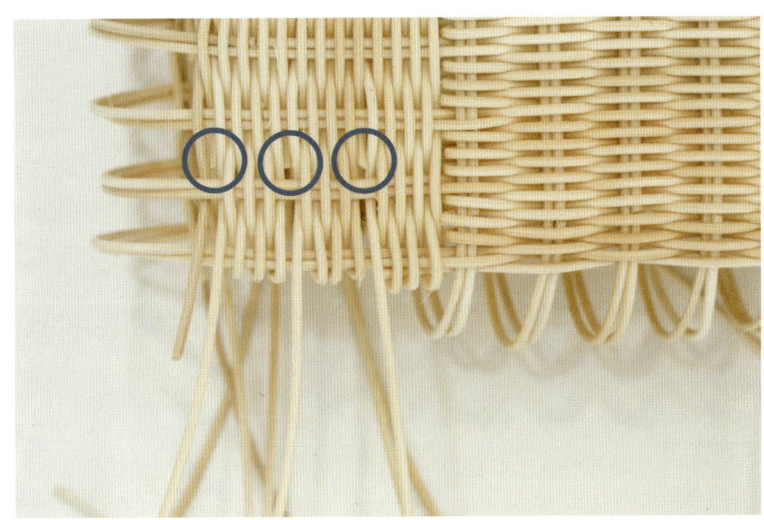

15 가방의 왼쪽 하단을 정리합니다. 세로 날대 2줄 1조 중 왼쪽 날대를 사진에서 표시한 부분까지 잘라 1줄 1조로 만듭니다. 이때 두 면 모두 동일하게 작업합니다.

16 15번 과정에서 자른 부분에 맞은편 날대를 막엮기하듯 엮으며 끼워 넣어 1줄 1조를 2줄 1조로 만듭니다.

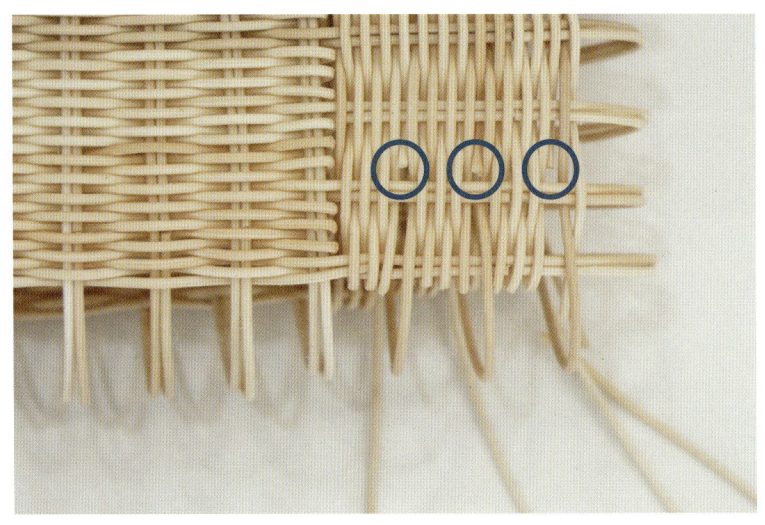

17 가방의 오른쪽 하단도 **15번~16번** 과정을 참고해 정리합니다. 사진에서 표시한 부분까지 잘라 날대를 제거하고 맞은편 날대를 끼워 넣어 1줄 1조를 2줄 1조로 만듭니다.

18 날대가 모두 연결되어 두 개의 면이 하나의 가방 형태로 연결되었습니다.

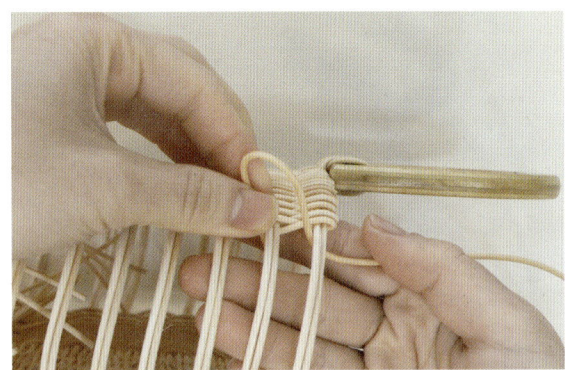

19 가방의 측면을 엮도록 하겠습니다. 측면 빈공간에 사릿대를 하나 넣습니다.

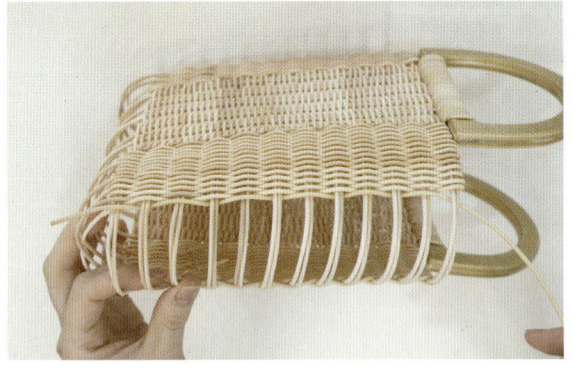

20 사릿대 하나로 실을 꿰듯 사릿대를 꿰면서 막엮기(p.30)로 엮습니다.

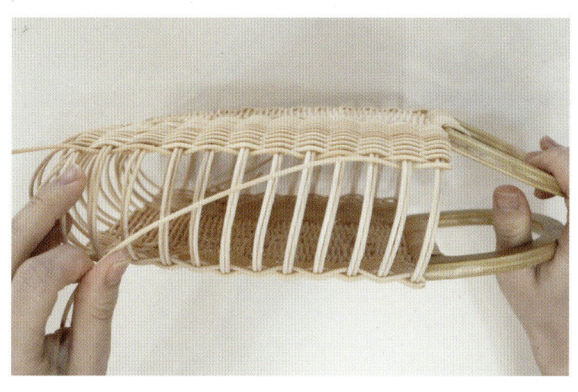 

21 끝부분에 다다르면 되돌아엮기(p.47)로 엮습니다.

22 모서리 부분에 다다르면 막엮기(p.30)를 하며 틈을 메워줍니다.

23 다시 반대편 끝에 다다르면 되돌아엮기(p.47)로 엮습니다.

24 빈틈을 모두 채우면 우드핸들백 완성입니다.

반달
우드백

둥근 모양으로 귀여움이 가득하면서도
이국적이고 유니크한 디자인의 손가방입니다.
가볍게 외출할 때 필요한 소지품만 쏙 넣고 다니기 좋은 가방이랍니다.

준비물

- 원형 우드 손잡이
  (내경 8.5cm, 외경 11cm) 2개

- 2mm 환심(길이 30cm) 32줄
- 사릿대

기법

- 우드 손잡이 활용하기 [p.88]

- 막엮기 [p.30]
- 되돌아엮기 [p.47]

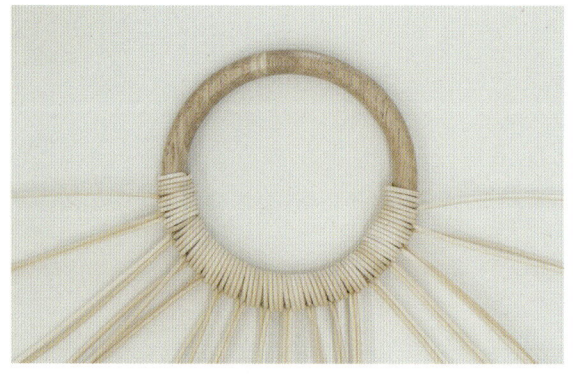

01 30cm로 재단한 2mm 환심 16줄을 사용하여 원형 우드 손잡이에 날대를 만듭니다(p.88).

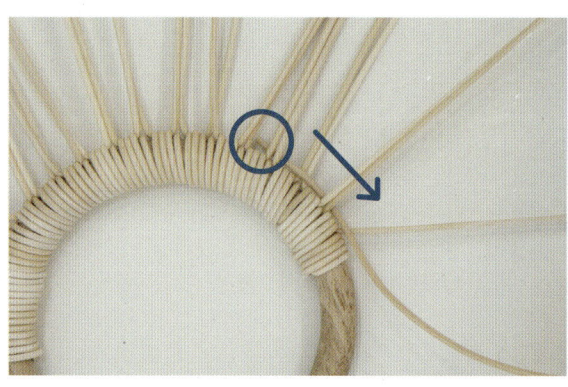

02 손잡이가 아래, 날대가 위를 향하도록 둡니다. 그다음 표시한 부분에 사릿대 하나를 넣어 오른쪽 방향으로 막엮기(p.30)를 합니다.

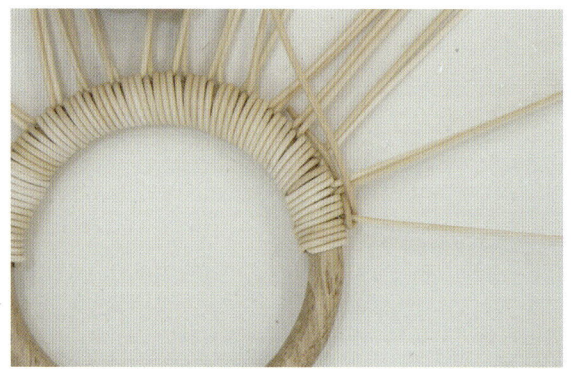

03 끝 날대를 기준으로 되돌아엮기(p.47)를 하여 왼쪽으로 엮습니다.

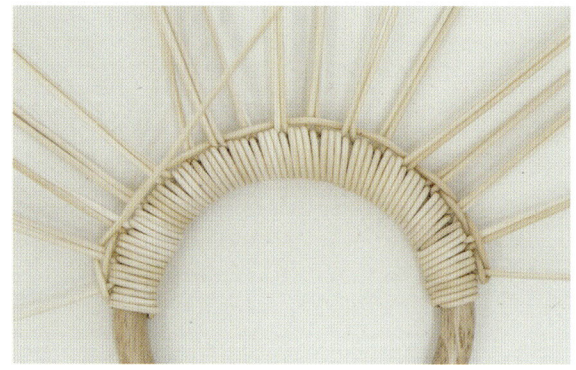

04 왼쪽 끝 날대에 다다르면 다시 되돌아엮기하여 방향을 바꿔 엮습니다.

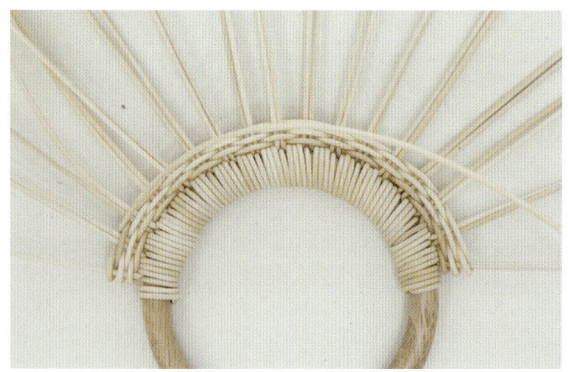

05 03번~04번 과정을 세 번 반복합니다.

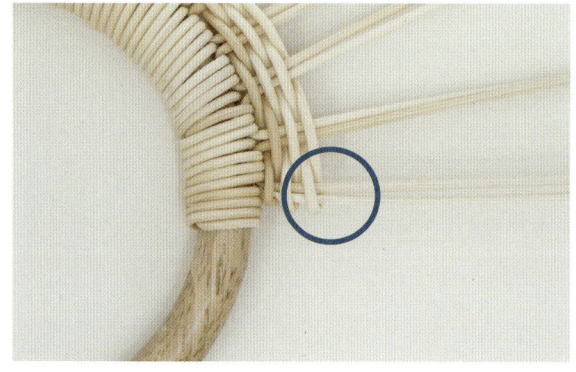

06 양쪽 끝 날대에 덧날대를 추가하여 2줄 1조로 만듭니다.

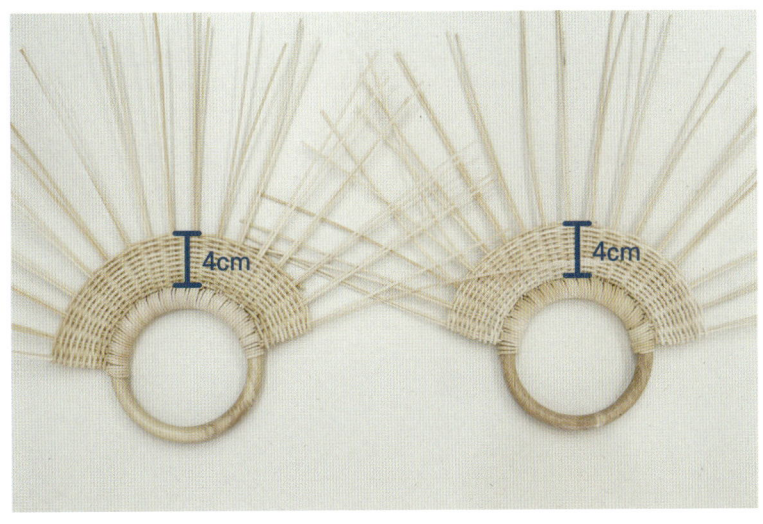

07 길이가 4cm 정도 될 때까지 엮은 후 한 면을 더 만들어 총 2개를 완성합니다.

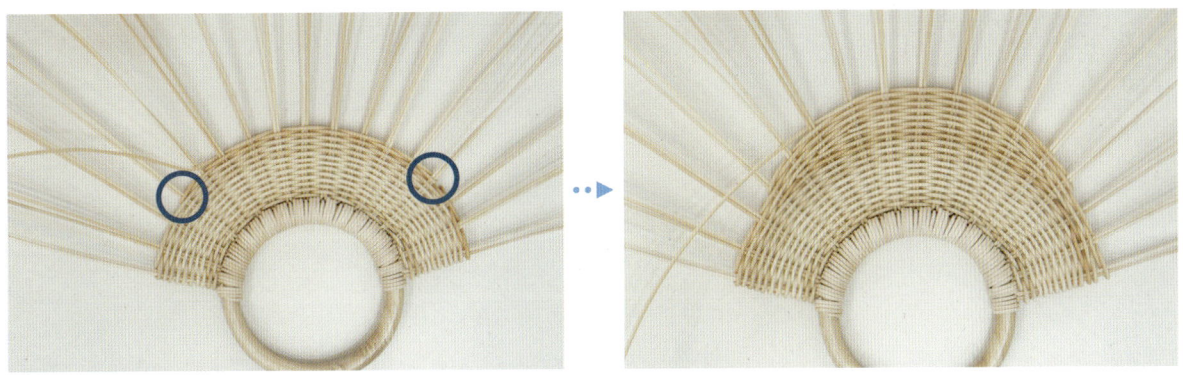

08 양 옆 네 번째 날대부터 되돌아엮기(p.47)로 곡선을 만들며 가운데 부분을 넓혀줍니다.

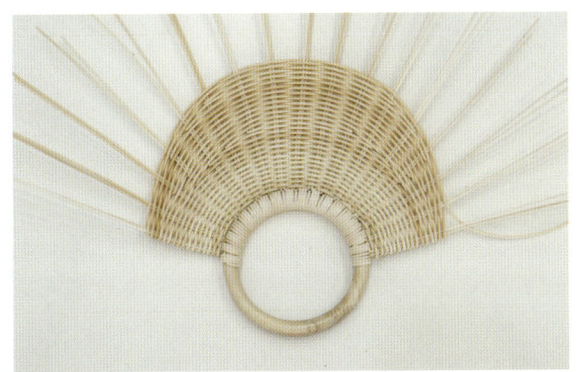

09 원하는 모양이 될 때까지 08번 과정을 반복합니다.

10 나머지 한 개도 동일하게 작업합니다.

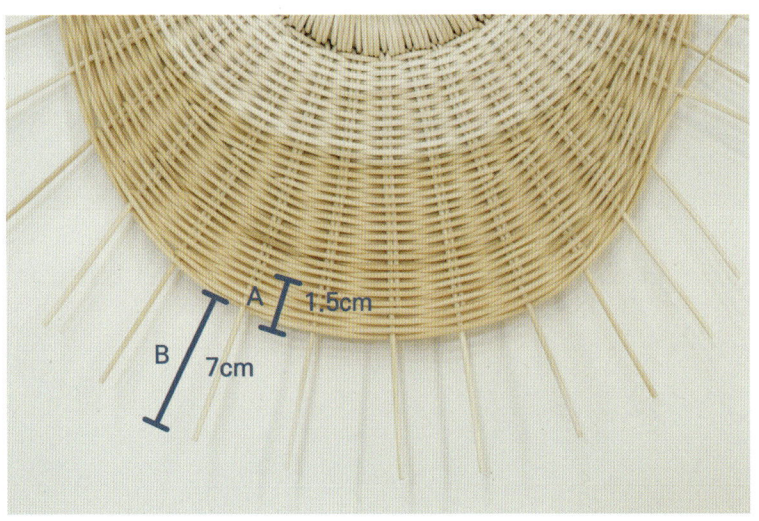

11 가방의 겉면을 위로 향하게 둔 뒤 날대를 자릅니다. A를 참고하여 가방의 끝 지점부터 1.5cm 안쪽 지점의 오른쪽 날대를 자르고, B를 참고하여 남아있는 왼쪽 날대를 7cm 길이로 자릅니다.

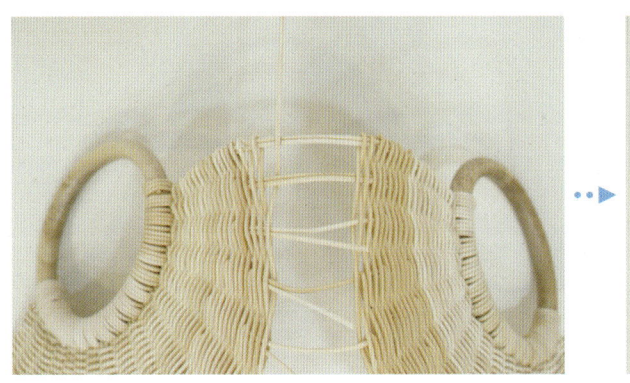 

12 가방의 안쪽 면이 만나도록 두 개를 겹친 후, 남아있는 날대를 반대편 면의 **11**번 과정에서 자른 부분에 꽂아 넣어 연결합니다.

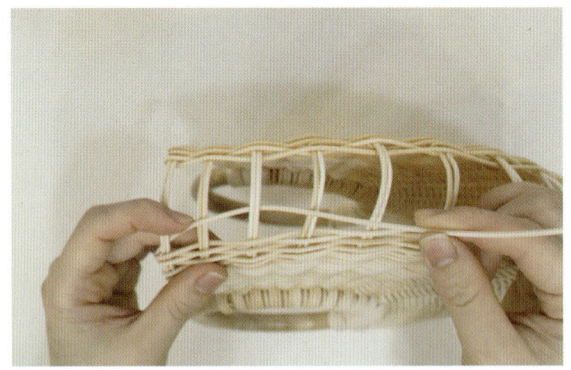 

13 남아있는 사릿대로 바느질하듯 날대 사이를 오가며 막엮기(p.30)로 엮습니다.

14 다 연결하여 엮으면 반달우드백 완성입니다.

17가지 라탄 공예 기법으로 누구나 쉽게 완성하는 라탄백
아름다움을 엮다, 라탄 가방

초 판 발 행	2023년 09월 20일
발 행 인	박영일
책 임 편 집	이해욱
저 자	문가람
편 집 진 행	강현아, 황규빈
표 지 디 자 인	하연주
편 집 디 자 인	김세연
발 행 처	시대인
공 급 처	(주)시대고시기획
출 판 등 록	제 10-1521호
주 소	서울시 마포구 큰우물로 75 [도화동 538 성지 B/D] 6F
전 화	1600-3600
홈 페 이 지	www.sdedu.co.kr

I S B N	979-11-383-5771-5(13630)
정 가	17,000원

※이 책은 저작권법에 의해 보호를 받는 저작물이므로, 동영상 제작 및 무단전재와 복제, 상업적 이용을 금합니다.
※이 책의 전부 또는 일부 내용을 이용하려면 반드시 저작권자와 (주)시대고시기획·시대인의 동의를 받아야 합니다.
※잘못된 책은 구입하신 서점에서 바꾸어 드립니다.

시대인은 종합교육그룹 (주)시대고시기획·시대교육의 단행본 브랜드입니다.